サティシュ・クマールの

ゆっくり問答

with 辻信一

序　ぼくのノートと心の中のサティシュ名言集

辻　信一

『サティシュ・クマールのゆっくり問答』へようこそ。ぼくは辻信一、二十世紀の末にサティシュと出会い、以来、敬愛する彼の教えを導きとして、新しい世紀をここまで歩んできた、と感じている。ぼくのように多くの人々が彼を師と仰ぐ。しかしその誰もが、彼を友人のように、「サティシュ」とファーストネームで呼ぶ。本書でも、そうすることにしよう。

ここ十年の間に、何度か、彼の日本訪問を企画し、ツアーに同行し、通訳をさせていただいたりした。またその一方で、彼の住むイギリスや、毎年里帰りするインドに彼を訪ね、楽しくも学び多き時をともに過ごさせてもらった。

二〇一三年には長年の夢がかなって、サティシュ・クマールをイギリス南西部のハートランド村にある自宅に訪ねた。石造りの家、菜園と果樹園のある庭、どれも手作りの家具や調度品、そしてサティシュと奥さんのジューンの暮らしぶり…。すべてが簡素な美しさに輝いていた。

そこでは、食べること、会話すること、瞑想すること、仕事すること、歩くこと、眠ることが、しっかりとした輪郭をもっている。それぞれにたっぷり時間が与えられている。だから急ぐ必要はない。といってダラダラと時を過ごすわけでもない。

こうした丁寧で、心のこもったあり方を、「スロー」というにちがいない、とぼくは今さらながら痛感するのだった。そう言えば、ぼくを出迎えたサティシュは、「きみが気に入りそうなこんな歌がある」と言って、「ディレー、ディレー（ゆっくり、ゆっくり）」というインドの古詩を詠《うた》ってくれたっけ。

「ゆっくりと織り、ゆっくりと縫い、ゆっくりと学ぶ。心よ、ゆっくりと行きなさい。そうすればすべてがうまくいく」

サティシュにとって料理は最も大切な仕事であり、遊びだ。自宅での彼も食事の度にエプロンをしてダイニング・キッチンに立つ。ジューンが庭の野菜をとりにゆく。食器のほとんどは同じデヴォン地方に住む陶工たちの作品だ。壁には現代仏教の代表的な指導者ティク・ナット・ハン師の書、「あなたの手の中のパンは宇宙の身体である」

食事はサティシュの祈りの言葉と、シャンティー（平和）の三唱で始まる。

死から生に私を導いてください
偽りから真実に
絶望から希望へ
恐怖から信頼に
憎しみから愛に
戦争から平和に
私たちの心と世界と宇宙が平和で満たされますように
平和、平和、平和

この家から約二十歩、同じ敷地内にある離れが、サティシュが四十年間編集主幹を務めてきた雑誌『リサージェンス』のオフィスだ。近隣に住む八人のスタッフが、ここで、エコロジー的な知恵の宝庫として国際的に高い評価を受け続ける雑誌をつくり、世界に向けて発信している。ここはロンドンでも、オックスフォードでもない。春の穏やかな陽光の下に広がる田園風景の中の小さな村だ。残業はない。在宅勤務あり。休暇もたっぷりある。昼食は家へ帰って食べても、ここにあるキッチンでつくってもいい。政府の助成金なしに『リサージェンス』は、かつて赤字、借金、発行遅れを出したことがない。

必要に応じてサティシュもそこで時間を過ごす。でもその仕事のために、散歩や食事などの日課を犠牲にすることはない。

サティシュもジューンもよく歩く。ぼくが滞在中は午前と午後に三人で近隣の海辺や森へハイキングをした。サティシュはこう信じている。**ブッダもキリストもガンディーもたくさん歩き、地球から英知を授かった。よい思想は歩くことで生み出される**のだ、と。

ある海辺の町へ出かけた時のこと、ぼくはサティシュに「マインドフル」という言葉について尋ねた。彼はこの言葉の元になっている「サマディ」というサンスクリット語由来の言葉を引いて、サマは「平静」を、ディは「注意、意識、心」などを意味すると説明した。だから、と彼は言う。**「マインドフルとは水をたたえた静かな湖のようなものだ**。静かというだけなら、水がなければ、いちばん静かだろうね。でも、水がなければ、それは湖じゃない。ただのマインドレス（心がない状態）にすぎない」

ぼくとサティシュのふたりだけの朝食の時だ。ぼくはサティシュに「死」について尋ねた。よく「死」について思うか、と言うぼくに、「それほど考えるわけではないけど」と言いながら、「**私**

にとって死はよいことだ」という、前にも何度か聞いたことのある答え。そして「それは解放だ」とつけ加える。

「それでも、別れは辛いものでしょう？　この世界との別れ、そして友人たちとの、愛する人々との別れは…」と言うぼくに、彼は首をゆっくりと振りながら、「**新しい世界が始まるのさ**」と。

自分自身の死についてはともかく、愛する人の死の悲しみや辛さをどう生きたらいいのか、とぼくは訊き直す。すると彼は優しく微笑んで、こう言った。

「**別れの悲しみはよいことだ。なぜなら、それはその人への愛の証だから。**君が、ここを出発する時には、私は君との別れを悲しむだろう。シューマッハー・カレッジの学生たちが八カ月を過ごして、去ってゆく時にはみな涙を流す。その涙はよいことだ」

まだまだある。ぼくのノートのあちこちにサティシュの名言が散らばっている。

漢字の「人間」、「空間」、「時間」がそろって「間」という字をもっていることについて、日本の友人たちと話をしていた時のこと、サティシュはこう言った。

「**現実とはものそのもののことではなく、関係性である**」

サティシュは聴衆を前に、よく、エコロジーやエコノミーの「エコ」はギリシャ語の「オイコス」から来ていると言う。ある時、彼はぼくにこう言った。

「すべてのものが関係し合っている場所、それが私たちの故郷であり、家（オイコス）だ」

イギリスのシューマッハー・カレッジを訪れたぼくの大学のゼミ生たちとの会話の中で、サティシュは言った。

「あなたは自分の人生のCEOだ」

「機械には機械をつくらせよう。テクノロジーにはテクノロジーを任せよう。でも、衣食住は手でつくろう。**真のオーガニックとは手作りのもの**」

会話の中で、ある日本のアクティビストが、社会活動の世界には「あげ足とり」や「ああ言えばこう言う」式の応酬が絶えないように思うが、あなたはその世界でどう生きているのか、と問う。サティシュは、「**みんなをいつも喜ばせるわけにはいかぬ**」という諺で応え、こんな寓話を紹介した。

おじいさんと孫が、ロバを一頭連れて旅をしていた。ある村で、おじいさんがロバに乗って、孫を歩かせているといって笑われる。そこで孫を乗せていくと、次の村で、老人を歩かせているといって笑われる。今度はどちらも乗せないでいくと、次の村でバカにされる、「なんのためのロバなんだ」と。

またある時、京都での集まりで、「愛国主義（パトリオティズム）について、尋ねられたサティシュはこう答えた。

「愛国は悪いことではない。問題は他の国と比べて、優位性や優越性を誇示したり、他を貶《おとし》めたりすること」

そしてこうつけ加えた。

「**愛国の本来の意味とは何か。それはローカルであることだ**。ローカルフード、ローカルエネルギー、ローカルな福祉、ローカルな経済…。その意味での愛国の時代が来ている」

二〇一三年の四月一日の「四月馬鹿《エイプリルフール》」、サティシュは福井県高浜町にいた。

「私は馬鹿だから、今日だけでなく、いつも馬鹿にしてくれていいですよ」とおどけてから、「馬鹿であること」と「滑稽であること」、そして「笑い」の重要さについて友人たちと話をした。

土を表すラテン語の humus は、湿気（humidity）や謙虚（humility）とともに、ユーモア（humor）の語源でもある、とサティシュ。そして彼は言う、「**驕《おご》りとは、ユーモアの欠如である**」

同じ二〇一三年春、名古屋の熱田神宮を参拝した後で茶屋に入った。茶菓子をじっと見ていると思ったら、彼が注目したのは茶菓子ではなく、それが載っている皿の方だった。長方形の一つの角が折れたデザインになっている。「これは端を折ることによって〝完全〟を避けているんだな」

とサティシュ。

インドにも、化粧の後に汚点を入れたり、建物を建てた後に一部を壊すことがある。それは間違いではなく、デザインの一部なのだ。日本の「わび・さび」や、「民芸」の伝統の中にその例はたくさんある。

「**完全の中に不完全さを包みこむ、それが完璧というもの。不完全さをもっていればこそ真の完全なのだ**」

そしてサティシュはこうつけ加える。

「同じように、恋愛でも、**互いに完全さを求めず、不完全さも包容することによって完璧な愛となる**」

これと通じる話をサティシュから聞いたのは、鎌倉での一泊の〝ミニリトリート〟。それは就寝前の雑談中だったと思う。ぼくたちは、人生に目的や目標が必要か、という問いについて話し合っていた。サティシュは言った。「私が二年半かけて世界を平和巡礼して歩いた時、私には〝目的〟はなかった。ただ、核兵器をもつ四カ国の首都を訪ねることを〝目標〟とした。その一方で**私はこの旅全体に目的地はないと考えた。歩くというプロセスだけがあり、終わりも目的とすべき結果もなかった。**それで、後に書いた自伝のタイトルも『目的地なし（No Destination）』（未邦訳）

としたんだ」

目的を立て、そのためにあれこれ綿密な計画を立てない方がいいよ、とサティシュはそこにいた若い参加者たちに向かって言った。**「曖昧さや不確実性が大事**なんだ。というのは、確実性は私たちから自発性を奪ってしまうから。でも曖昧さや不確実性は自発性を包みこんでいる」

そしてこうつけ加えた。「君たちにとって何より**大切なのは自発性。自発性なしには何も起こりはせず、何も現れないのだから、**ね」

同じ桜の季節の東京。自然染織の衣服のデザイナーとの会話の中で、サティシュはガンディーが率いた「カディ（インドの手織りの服）を着る運動」について話した。

「**手を通して、心が、魂が、つくられるモノの中に入っていく。**だから私は、**手を使うことこそが教育の第一義**だと信じているのです。手によって見る、感じる、考えることが人間にとって不可欠です」

そしてサティシュはその話をこう結んだ。「**人間が生まれてきた理由、それは魂の成長。そのためには、手を使うことが必要**なのです」と。

人間はなんのために生きているのか、という問いがサティシュに投げかけられるのを、ぼくは、イギリスで、インドで、日本で、幾度か見てきた。そのうちの一つの答えはこうだった。

「人間は、与えるため、愛するため、祝福するために生きている」

二〇一三年十二月、香港に滞在中のサティシュをぼくは訪ねた。数日間にわたるセミナーの合間に、山道をハイキングし、海で泳ぎ、パーティに出席し、と精力的に活躍するサティシュにこういう質問が飛んだ。

「そんなに献身的に働いているのに、あなたが燃え尽きもせず、いつも笑顔でいられるのはなぜか？」

彼の答えは、いつもの通り明快だった。

「第一に、心配しないこと。第二に、信頼（trust）すること。そして第三に、いつどこにいても、常に、〝今、ここにいる〟という態度です」

セミナーでは、ローカルであることの重要性を説くサティシュに、こんな問いが向けられた。

「グローバルという言葉自体には〝地球的〟といういいイメージがあるのに、ローカルは偏狭で独善的な態度だと思われがちで困っているのですが」

サティシュは言った。「現在グローバルと言われているものは、実は、本来の意味のグローバルな世界意識を欠いているのです。逆に、**ローカルとは、大地に根ざし、生態系とつながること**

によって、真の世界意識を得ることであり、母なる大地の助けによって、自らも母なる存在へと成長していくことを意味します」

香港の最後の夜。レストランでおいしい料理と親しい友人たちを前にサティシュはいつにも増して雄弁だった。

「**私たちは逆さまの世界に生きている**んだ。だってそうじゃないか。この世に豊富なものは何かと言えば、それは時間と人的資源。政治家や経済学者はそれらを節約しなければいけないという。では、この世で有限で希少なものは何か。それは、自然資源とエネルギーだ。でも政治家や経済学者は、それがまるで無限にあるかのように、どんどん使いまくっているんだからね」

その頃、国家機密を漏洩したとしてアメリカの告発を受け、世界中で話題だったエドワード・スノーデン氏についてもサティシュは言及した。

「スノーデンさんが罪人で裏切り者なら、エネルギー企業はみな罪人で裏切り者だ。スノーデンは一部の権力者の秘密を暴いたというが、大企業は地球の中に潜んでいた石油やウランという秘密を暴いているではないか」

東アジアにいることを意識してだろうか、彼はブッダや老子を例にとってこう言った。

「**私たちが環境によい、シンプルな生き方をするのは、危機の時代だからではない。**ブッダや老子、そして多くのアジアの詩人や思想家たちが生きた時代に人類の存続性を脅かす今のような危機はなかった。それでも彼らはシンプル・ライフを説き、実践した。エレガント・シンプリシティ（簡素な優雅さ）こそが、彼らの生き方だったのだ。**〝危機〟という不安や恐怖によって動機づけられることなく、自由に、シンプルに、美しく、生きよう**」

さて、「序」の最後に、香港のセミナーでのサティシュのまとめのスピーチからの一節を紹介したい。これは、現状を知れば知るほど悲観的にならざるを得ないという環境活動家や良心的な市民に向けての励ましの言葉だ。

「**人生とは巡礼です。私たちはみな巡礼者です。自らの一歩一歩を意識し、丁寧に足を運びます。**その一刻一刻が今ここにある自分です。その一刻一刻が奇跡です。**人類に奉仕し、地球のために仕えることができるという特権に、私たちは恵まれています。**地球が危機にあるからといって、思い悩むことはありません。ただただ、世界に仕える自分の一刻一刻に集中すればよいのです。その奉仕は自らの変革です。**何かを達成しようとする必要はありません。**結果として何かが達成されたとしたら、それはおまけのようなもの。何かの利益が生じたならそれも単なる副産物にすぎません。重要なことは、自分が巡礼者として、旅をしているということ。そしてそのことに大いなる感謝を抱くことです。だから私のように、重荷を背負わず、軽々と行こうではありませんか。今ここを生きることが、そして、奉仕することが、自由であり、解放なのです。成功を求めてはいけません。ただ、今、ここにおける充実を求めましょう。**私たち一人ひとりが宇宙なのです。いったい、それ以上何を背負う必要があるでしょうか**」

目次

スピリチュアルな旅

■ ビー・ザ・チェンジ！

東京南青山・根津美術館の庭園にて。石仏と問答 !?

マインドフルな暮らし

仕事
農
学び
お金
自然
食

私は大地に支えられている。

問

サティシュ・クマールさんは自然の中を歩いたり、世界各国を歩いていらっしゃるそうですが、愛のエネルギーをどのようなところで感じられるのか、何かエピソードがあれば教えてください。

答

私は世界中を巡礼（◆）して歩きましたが、その際、終始お金を一銭ももたなかったのです。二年半の間、一円ももたずに、です。お腹が空いた時には野山になっているリンゴを、あるいは葡萄をとって食べたこともあります。そして歩きながらいつも実感していたんですね、ああ、自分は大地に支えられている、と。大地が支えてくれているおかげで、私はこうして大地の上に立ち、その上を歩んでいる。時には何も食べるものがない時もあります。そして屋根のない場所で寝なければならない時もある。その時にはこう考えたんです。今日は断食をする絶好の機会だ。そして今夜は無数の星を楽しめるありがたい夜だって。よく〝五つ星〟のホテルというのがありますが、それどころじゃない。

何百万、何千万という星の下で眠るチャンスを得た、というふうに。

こう考え出すともうキリがないんですね。どれだけ時間があっても足りないくらい皆さんにお話ししたい様々なエピソードがありますが、それは私の本（◆）で読んでいただくことにしましょう。

二年半の旅の最後の目的地はワシントンDCでした。そこに平和のメッセージを届けたところで、連絡が入った。それは、平和運動に熱心に取り組んでいる日本山妙法寺の藤井日達上人（◆）からのメッセージで、このまま日本に来てください、という招待だったんです。それを受けて、飛行機で日本に来て、今度は東京から広島までお坊さんたちと一緒に歩きました。この日本での平和巡礼の中で、私はこの日本の大地から、無条件の愛を受けたわけです。その地にこうしてまた立つことができて幸せです。

（岡山）

◆**世界中を巡礼**　一九六二年四月、当時四つの核保有国の首都（モスクワ、ロンドン、パリ、ワシントンDC）に核廃絶のメッセージを届ける平和巡礼の旅へ出発。約一万三千キロの道を、無一文、徒歩で二年半かけて踏破した。（詳しくは二二三頁参照）

◆**私の本**　『No Destination』（未邦訳）、『君あり、故に我あり』（講談社学術文庫）など。

◆**藤井日達上人**（一八八五－一九八五）　熊本県阿蘇市生まれ。宗教家。日本山妙法寺の開創者。団扇太鼓（うちわだいこ）を叩き、「南無妙法蓮華経」を唱えながら各地を行進、多くの仏舎利塔を建立した。ガンディーの非暴力思想に共鳴し、国内外で広く平和運動に尽力した。

ようこそ、難局よ、よい機会をありがとう。

問　サティシュさんの人生を振り返って、一番嬉しかったことと一番辛かったことを教えてください。

答　私はイエス・キリストやマザー・テレサのような聖人ではありません。私の人生にも苦しいことがありました。でも、苦難は善きことである、と思うようにしてきたんです。苦難がないような人生はつまらないだろう、と。

人生で一番楽しかったことは、私が二十五歳の時です。カフェに友だちとふたりでいて、新聞を読んでいました。その新聞に、九十歳になるバートランド・ラッセル（◆）というイギリスの哲学者が監獄に入れられたと書いてあったのです。その時、私は友だちに言いました。

「ほら、これを見てごらん。この人、九十歳だって。九十歳の人が世界の平和のためにデモをして監獄に入れられている。それに比べてどうだろう、ぼくたちは？　ここに座ってただお茶を飲んでいる！」

それから友だちと話し合ったんです。でもほんの三十分しかかかりませんでした。「よし、歩こう！」ということになった。核兵器を保有する四つの国の首都へ平和のメッセージをもって歩いていこう、と。たった三十分です。あの時のあの興奮、あの喜び、それは他に比べようもないものでした。なんの恐怖もなく、不安もない、自分たちが本当の意味で解放された瞬間でした。あれほどワクワクしたことは他にはちょっと思いつきません。

それだけでもあんなにうれしかったのに、おまけにその決意を実行に移したのです。実際に二年半かけて、世界中を歩いてしまったのです。

私にもイライラしたり怒ったりする時はあります。しかし、昔に比べたらずっと少なくなりました。それは自然にそうなったのではなく、時間をかけて、その都度、意識的に選んできた結果なのです。怒るまい、と自分で決めたことなんですね。

特に、自分に対して心に強く誓ったことは、妻に対して絶対に怒らないということです。私が嫌いなことを彼女が言ったりしたりしても、怒らない。どんなことがあっても怒らな

◆バートランド・ラッセル（一八七二‐一九七〇）　イギリスの哲学者、数学者、教育学者、平和活動家。一九五〇年ノーベル文学賞受賞。物理学者のアインシュタインと核兵器廃絶の共同宣言を発表するなど、晩年、平和運動を積極的に行った。

い。妻は私が恋に落ちた人です。愛する人です。その人にいったいどうして怒ることができるでしょう。次に、これも絶対的なこととして決めたのは、子どもたちに怒らないということです。自分の子どもに対しては怒りやすいものなのです。

子どもの次は同僚ですね。だいたい二年に一度くらいムカッとくることがある。でもそういう時にも、三十分から一時間くらいたって自分を冷静に振り返り、謝るようにしてきました。これも常に、意識的に考えてきたことです。それでももちろん、難しい時がある。そんな時にはこう思うようにしています。

「ようこそ、難局の時よ。よい機会をいただくことができた。きっとここから何かよいことが生み出せるにちがいない」

だんだん、そんなふうに考えることができるようになってきました。

（神奈川・鎌倉）

自然こそがお釈迦さまの先生。

問 サティシュさんに影響を与えた大きな出会いとはなんでしょうか。

答 その質問に答えるには、もう一度ここに呼んでいただいて、長い時間をかけて話さなければいけませんね。しかし、短く説明するなら、何よりも私は母のことを言いたいと思います。母はいつも私を彼女の仕事場である畑に連れて行きました。そして彼女はこう言うんです。

「あなたは自然について学ぶのではなく、自然から学ぶのです」

「あなたの先生は自然。あの偉大なお釈迦さま、ブッダよりも偉大な先生よ」

私は抵抗しました。

「え、お母さん、そんなはずはないでしょ。お釈迦さまほど偉大な先生はいないはずだよ」

母は言いました。

「じゃあ、息子よ。お釈迦さまは誰から、どうやって学んだと思う?」

私は答えられませんでした。母は続けます。

「お釈迦さまは木の下で悟りを開いたでしょ。つまり、木がお釈迦さまの先生だったの」

やがて私は母の下を離れ、世界の様々な場所を歩み、旅をして来ました。その冒険の中には世界中を歩いた平和巡礼も含まれています。その旅の中で、世界中の偉大な先生や賢人たちに会うことができました。

その方々の教えに学びながら、私は、その人たちそれぞれを教え導いた先生たちのことを思いました。そして、そのまた先生たちのことを。さらに、母が言った言葉を思い出すのです。つまり、すべての人たちの究極の先生とは、母なる自然なのだということ。

そして、このことを教えてくれた母との出会いこそが、私の人生に最も大きな影響を与えてくれた、と思うのです。

（名古屋）

『ガンディー自伝』と『バガヴァッド・ギーター』が私のバイブル。

問　サティシュさんにとっての〝バイブル〟、人生の指針としている本はなんですか。

答　一つは『ガンディー（◆）自伝』、もう一つはインドの聖典『バガヴァッド・ギーター』（◆）です。でも『バガヴァッド・ギーター』は注意して読まないと、一見戦争肯定の本であるかのように見えます。しかし本当は、戦争の話を使って非暴力を教えている本なのです。ガンディーにとっても、『バガヴァッド・ギーター』は聖書でした。ですから、もし注意深く読んでいただけるのなら、ぜひこの本をお勧めします。そして、『ガンディー自伝』は私の人生を通して、最も大切な本であり続けています。（神奈川・鎌倉）

◆マハトマ・ガンディー（一八六九－一九四八）インド独立の父として知られる非暴力運動の指導者。イギリス植民地支配からの独立運動を指揮、サティヤーグラハ（真理の把持）の思想を掲げ「非暴力・不服従」運動を展開、独立へと導いた。

◆『バガヴァッド・ギーター』サンスクリット語で「神の詩」を意味するインドの古典。大叙事詩『マハーバーラタ』の一部を成す約七百の詩篇。同族間の戦争に悩む王子アルジュナの問いにクリシュナ神が答える形で、教えが説かれている。

毎朝、同じ女性に恋に落ちる。

問 サティシュさんが、毎朝毎晩必ずしていることはありますか。

答 まず六時に起きます。で、だいたい妻も同じ時間に起きます。そして一緒に、カルダモン、ショウガ、クローブなどのスパイスハーブを入れたインド風のお茶をつくります。私の妻はイギリス人ですが、母から学んだこのレシピが好きなんです。次に、妻と一緒に、スピリチュアルな文章を読みます。現在ふたりで読んでいるのが、『バガヴァッド・ギーター』です。この時間には世俗的なこと、日常的なこと、仕事のことは話さない。ただスピリチュアルなことに限って話をします。この時間は非常に大切なひとときです。電話もかかってきませんし、本当に静かで、平和で、心安まる時間です。

結婚してから四十年経っていますが、私は毎日、毎朝この同じ女性に恋に落ちる。恋に落ち続けています。私は夫婦というものは何も仕事や用事をこなすために必要な存在としてあるわけではなくて、お互いのスピリチュアルな成長を助け合い、支え合うためにあるのだと思っています。その時間が、七時半か八時くらいまでですね。その次には、表に出てガーデニングを始めます。ガーデニングも、そして、料理も、妻と一緒に楽しんでやります。

九時から十三時くらいまでは、同じ敷地内の建物にある『リサージェンス』誌のオフィスで働きます。私はもう四十年も、この雑誌の編集主幹をやっているんです。昼食の時間が来たら仕事はそこで終わり。昼食の支度をします。料理は私にとって大切な時間です。昼食後は昼寝の時間。十五時くらいから十七時までの間は人々がやってきて、ミーティングや話し合い。十七時から一時間の散歩に出かけます。十八時頃に帰って来たら、また妻と一緒に料理をします。

私にとって大事なのはバランスです。家事、家族との時間、スピリチュアルな時間、そして仕事。これら三つがバランスをとっていることです。

さて、まだ一日は続くわけですが、時間が来てしまったようなので、ここまでにしておきましょう。

（福岡）

エコロジーと経済と平和、という三つの領域を結びつける。

問　『リサージェンス』(◆)がどのようにして始まったのか、またサティシュさんの関わりについて教えてください。

答　今から四十七年前のことです。『スモール・イズ・ビューティフル』(◆)という本で有名なE・F・シューマッハーを中心に、有志が集まってこの雑誌をつくり出しました。それまでバラバラに扱われてきたエコロジーと経済と平和、という三つの領域を、もう一度一体のものとして結びつけ、一つの輪をなすような、そんな雑誌をつくりたいと彼らは考えたわけです。

私がそのシューマッハーに出会ったのは一九七三年でした。その時、シューマッハーは、私にいきなり、「リサージェンス誌の編集長になってほしい」と言い出したのです。

私は断りました。私はインドからイギリスを訪問しているだけの身でしたから、「これからインドへ帰ろうとしているんです」と。

「どうしてインドに帰りたいのか」、と彼は訊きました。私は「これからマハトマ・ガンディーの思想を引き継いで、社会活動をしていきたいんです」、と答えました。

するとシューマッハーはこう言いました。

「しかし、サティシュ、考えてくれ。ガンディーの遺志を継いで活動している人はインドにはたくさんいるだろう？　イギリスはそのたったひとりを必要としているんだ」

この言葉に私は動かされました。そして結局、受け入れることにしたのです。ただ、私は一つ条件をつけました。「あなたはこれから必ず毎号記事を書かなければいけません。そう約束するなら、やりましょう」

シューマッハーはそれを約束し、私は『リサージェンス』の編集長になりました。彼は約束通り、毎号記事を書きました。その記事を集めてつくったのがあの有名な『スモール・イズ・ビューティフル』なのです。

◆『リサージェンス』　一九六六年創刊。環境、科学、経済、アート、文化、哲学をつなぐホリスティックな価値観を発信する雑誌。シンプルな英語と美しいアートが特徴。隔月年六回発行。二〇一二年、エコロジスト誌と合併した。

◆『スモール・イズ・ビューティフル』　イギリスの経済学者、E・F・シューマッハー（一九一一－一九七七）が執筆し、一九七三年に出版された経済学に関するエッセイ集。仏教経済学を説き、エネルギー危機を予言。世界的なベストセラーになった。

その後四十年間、私は編集長として多くの仲間たちの協力を得て、エコロジーはもちろんのこと、平和や人権の問題、そしてアートや文化などを組み入れることで、この雑誌を少しずつホリスティック（総合的）なものにしてきたわけです。

（東京・渋谷）

エコロジーとエコノミーを両輪として教える場所。

問　次に、シューマッハー・カレッジ（◆）がどんなふうに生まれたのか、教えてください。

答　シューマッハー・カレッジを仲間たちとつくったのは一九九一年のことです。すでにシューマッハーは亡くなっていましたが、彼の思想という知的遺産を引き継ぎ、発展させていくための学校が必要だと考えました。

シューマッハーの『スモール・イズ・ビューティフル』という本の中でも、特に有名な文章は、「ブディスト・エコノミックス（仏教経済学）」と呼ばれるものでした。西洋最高の教育を受け、名門オックスフォードを出たバリバリの経済学者である彼がですよ、経済学という言葉を仏教という言葉と組み合わせてしまった。みんな、大変なショックを受けました。とうとうシューマッハーもおかしくなってしまったらしい、と。

仏教といえば迷信だらけの古臭い宗教だという偏見をもっている人もいますが、実は、その根幹にはエコロジー思想があって、西洋で生まれたエコロジー（生態学）の考え方と相通じるものなのです。仏教の根本にあるエコロジカルな教えとは、要するに、人間だけでなく、この世のすべての生きものを慈しむ、ということ。

その意味で、仏教経済学とはエコロジーとエコノミーの融合ということに他なりません。シューマッハー・カレッジは創立以来、このエコロジーとエコノミーを両輪として進んできました。この両者がバラバラに切り離されている現代社会にあって、それらを統一して教える珍しい場所となりました。

改めて、エコロジーとエコノミーという二つの言葉を、語源から考えてみましょう。エ

◆シューマッハー・カレッジ　一九九一年、イギリスデヴォン州トトネスに設立。持続可能で豊かな社会をつくり出すための国際的な教育機関。小グループで、教室、庭園、台所をともにし、ホリスティック科学などを学ぶ。短期コースや一年間の修士課程もある。

コロジーの「エコ」はもともとギリシャ語の「オイコス」という言葉から来ています。それは自分が住む家という意味です。そして「ロジー」は「ロゴス」、つまり知識です。だからエコロジーは自分の住む場所についての知という意味です。それに対してエコノミーは同じ「オイコス」に、管理、運営するという意味の「ノモス」がついてできた言葉。つまり、自分が住んでいる家をどう管理運営するのか、というのがエコノミーです。

さて、そこから考えると、現代の社会はどうでしょう。ほとんどの教育機関ではエコノミーばかりを教えてエコロジーをほとんど教えませんね。だから私はこう問うんです。「自分の家がどんな場所かも知らないで、あなたはそれを管理運営できるのですか?」、と。教育機関がエコロジーを取り入れることが私は大切だと思っていますが、それを待っている前に、自分たち自身で学校をつくってしまおう、と考えたわけです。エコロジーとエコノミーを同じ一つのものとして考えられるような、そんな学校をつくろう、と。

そしてもう一つの基本的な考え方は三つのHです。いまだに多くの人が教育を頭(head)だけのものだと考えていますが、私たちシューマッハー・カレッジでは「頭」だけでなく、心(heart)、そして手(hands)に代表される身体を加えて、教育の〝3H〟と呼んでいます。それがシューマッハー・カレッジの基本理念です。ですから、シューマッハー・カレッジでの教育は、料理やガーデニング、もの作り、瞑想、アート、自然の中での活動、森の散歩などが、学問や読書などと一体となっています。

　シューマッハー・カレッジには二週間以上の集中講義があって、世界中から様々な年齢の人々が集まります。はじめのうちはそういうものとして始まったのですが、途中から大学院大学としての修士課程のプログラムも始まりました。学科としては、世界で初のホリスティック科学の一学科から始め、その後、ホリスティック経済学――もちろん、これも世界初――などが加わりました。

　シューマッハー・カレッジで何より大切なことは、オーガニックでベジタリアンの食事がおいしくて、健康的であること。世界中から人々が勉強に来るわけですが、勉強というのは一種のおまけみたいなもので、本当にすべきことは二つではないか、と実は思っている。それは、まず食事を楽しむこと、そして、恋に落ちること（笑）。

　シューマッハー・カレッジで私の一番重要な仕事は、週に一度、全員のために料理をすることです。また、「ファイヤーサイド・チャット」（暖炉のそばで学生たちに向けたお話と質疑応答をすること）も、毎週ずっとやってきました。これも本当に楽しく、素敵な時間です。


（東京・渋谷）

「スロー・スモール・シンプル」、これが人生のモットー。

問　サティシュさんが生きていく上で一番大切にしていることはなんですか。

答　人生で一番大事なことは、シンプルに暮らすということです。シンプルであるということは、同時に優美な生き方なのです。どんなに愚かな人でも、物事を複雑にすることはできます。しかし物事をシンプルにするには一種の才能が必要なんです。その才能を私は求めています。わたし自身の人生をよりシンプルにするために。

私は日本の文化にそのヒントを求めています。日本の文化には「シンプルが美しい」ということの証明があります。例えば「わび・さび」という美学の伝統があります。

例えば鼻をつまむ時、どうしてこう頭の後ろから手を回してつままなければならないのでしょう。そんなことはないはずです。手を少し使う代わりに、トイレの水を自動的に流し、便器の蓋を自動的に開けるために、どうして原子力発電所をつくったりする必要があるのでしょうか。それは愚かな者が物事を複雑にしているだけのことです。シンプルの美学をもつ日本人でさえ、原発という愚かな複雑さを抱えこむことになってしまったのは悲しいことです。

私と仲間たちは、Sを頭文字にする三つの形容詞を推奨しています。それは、「スロー・スモール・シンプル」です。これが私の人生のモットーであり、情熱であり、喜びです。

（東京・白金）

一見役に立たない物事を大事にする。

問 無駄のないシンプルな生活を大切にすべきだと思いますが、例えば、辻信一さんの造語スロソフィー（スロー学）という言葉の英語のスペルには〝pslothophy〟という発音しないpが一番前についている。質素な生活で満足することももちろん大事だけれど、一方では、読まないpのような無駄を楽しむことも重要なのではないでしょうか。

答

それは非常に大事な指摘です。一見なんの目的もないものをもつことは大事なことなのです。反対に、問題はすべてのものを目的と結びつけて、目的からすべてを正当化するようなやり方なのです。それこそが、人生を、世界を、非常に硬直させたものにしてしまいます。

一見、役に立ちそうにない、なんの意味もないものをそこに置いて、それを楽しむ。これは一種のユーモアです。すべてのものが目的へと連結し、効率性に裏打ちされなければならないといった社会への批判、諧謔《かいぎゃく》、皮肉、風刺なのです。

詩もそうでしょう。何か目的があるわけではないですし、一見、それがなければ生きていけないというものでもない。ある意味では無駄で、これといった有用性があるわけではないのですから。

同じことが芸術全般についても言えるでしょう。つまり、不必要なものが必要なのです。

（神奈川・鎌倉）

「役立つこと」の独り歩きは危険。

問 もう一つ質問です。みんなが、誰かの、何かの役に立ちたいと思っているのだと思います。その役に立ちたいという気持ちが、しかし、結果として原発をつくったりもする。高速増殖炉ができてしまえば、エネルギー問題が解決できて、豊かな生活ができると思って、そのための役に立ちたいと真剣に考えていた。その結果として、いのちを脅かすようなエネルギー体制をつくることになってしまった。それでも、役に立っているからということで止めない、止めることができない。では、そもそも、「役立つ」ってどういうことなのでしょうか。

答 ギリシャの哲学では三つの言葉がワンセットになっています。英語で言えば、ユースフルネス、グッドネス、ビューティ（◆）、つまり、役立つこと、善きこと、美

◆ユースフルネス、グッドネス、ビューティ（真善美）　古代ギリシャの哲学者プラトンが提唱したとされる、人間が理想とする普遍妥当な価値概念。

しきことの三つです。その中で「役立つこと」だけが孤立してしまうと非常に危険なのです。「役立つこと」は同時に美しく、また善でなければならない。役に立つことと美や道徳とを並べてみると、それは、美しくないよりは美しい方がいいし、道徳的に悪いよりはいい方がいいけれど、役に立つことに比べれば、それらはさほど重要でないと、考えがちなのが現代社会です。実は、「美しきこと」や「善きこと」も重要で、それらがあるからこそ、価値が生まれ、生きる意味が生まれる。

同じように、美しいことが他の二つを犠牲にするのも、正しさだけが突出して他の二つを無視するのも不幸です。それ自体はいいものでも、それが孤立して、全体の調和が損なわれる時には、危険なものに転じることになる場合がある。

「役立つこと」のひとり歩きは「功利主義」と呼ばれます。そして、この役に立つことを最優先する考えが、近代思想の基礎になっています。おっしゃられたような科学技術が暴走する、現在のような時代をつくり出してしまったのです。

（神奈川・鎌倉）

買おうかどうか迷うようなら、それは不必要。

問　先日引っ越ししたのですが、荷物を片付けながら、何が必要で、何が必要でないか、何を捨てるべきか、残すべきか…、そう考え出すとキリがなくて、取捨選択がとても難しかったのです。また、持ち物の中に、便利だと思って買ったものが多いことにも気がつきました。でも、便利なものによってかえって生活が複雑になっていると思えてきたり…。ものとのつき合いで、どうバランスをとったらいいか、サティシュさんのアドバイスをいただきたいと思います。

答　「マインドフル（◆）」という言葉が鍵になります。引っ越しの時に、どれをもっていくかを悩むのは、これまでの暮らしがそれだけマインドフルではなかったということですね。マインドフルな暮らしでは、家の中に何一つ不必要なものはない、というこ

◆マインドフル　もともとは仏教の禅の言葉。漢字では念。何事にも澄んだ平和な心をもってあたり、今、ここを大切に生きる、という態度のこと。

うことです。必要なものだけであれば、引っ越しの時にも、みんなもっていきますよね。例えば、松尾芭蕉が奥の細道に出かける時に、どれをもっていこうかな、などと悩まなかったと思います。また、こう考えてもいい。買い物の時に、どうしようかなと悩むようだったら、それはまず不必要なものなんです。

もちろん、マインドフルに生きるということは簡単じゃありません。難しいのです。でも、私はそもそも皆さんに、易しい生き方をお勧めしているわけではありません。善きことは、往々にして困難なことなのです。

例えば、ヨガを真剣にやろうと思ったら、やはり難しい。その難しい道を、勇気をもって歩んでくださいと私はお願いしているのです。ヨガはいいことだと分かっていても、Eメールもやらなければならない、仕事もある、忙しくてそんな時間はないと言う人がいます。でも、時間をつくればこそのヨガなんです。ヨガをするという選択には決意も必要だし、勇気も必要です。簡単ではないことを、やってはじめてヨガなんです。

どうも日本の皆さんは、便利さにはまりすぎていると思います。それが安易な方向へと流れる傾向にもつながっているのではないでしょうか。どうでしょう。便利さはもうこの程度で卒業してもいいんじゃないですか？　特に若い方々は便利ということに執着しないでいただきたい。私は日本の民藝運動を高く評価しているのですが、例えば、濱田庄司のような名人がつくった陶器にも、大変な困難が、労働が、そして不便で面倒くさいことがいっぱい詰まっているわけですね。手間ひまがすごくかかっているわけです。スローなのです。

それだったらちょっと出かけて買ってきた方がずっと楽ですよね？　例えばナマケモノ倶楽部の人たちはいつもお箸をもっていますが、確かにレストランで割り箸を使って捨てれば、そっちの方がずっと楽です。でも、わざわざどこにでもお箸をもっていって、使ったらまた洗って、しまって…、ちょっと面倒だけれど、それをやる。

ですから皆さん、安易な道を行くのをやめて、マインドフルに生きましょう。

（神奈川・鎌倉）

自分の「機会の窓」を見出す。

問

サティシュさんは食の大切さについていつも話してくださいますが、私のような大学生って、どうしても食への関心が低いのです。そういう若者たちに食について考えてもらうには、どうしたらいいのでしょうか。

答

「機会の窓（window of opportunity）」というものを考えてみてください。そして、まずは、他人の考え方を変えることより、あなた自身にとっての「機会の窓」を見出すのです。

あなた自身が「マインドフルに食べる人」になるための機会の窓です。その窓から、「マインドフルに食べるあなた」が見え、「マインドフルに生きるあなた」が見える。そういう機会の窓を実現するのです。その時、あなた自身がすでに一つのモデルになっている。そして、そういうあなたが他の人にとっての機会の窓になるのです。

「何かこうなればいいいな」と思っただけで、すぐにこの世界に何かが実現するとは思わないでください。家を建てる時も思っただけで家がパッと次の日に建つわけではないですよね？　レンガを一つひとつ積んだり、一つずつ材木と材木を組み合わせて、最後にやっと家ができる。

それと同じように、あなたが一歩一歩、マインドフルな生き方をすると、それが徐々に周りの人たちの機会の窓となって、段々に風景全体が変わっていく。

危機は深く、事態が緊急であることはわかります。しかしそれでも、私たちは忍耐強く働かなければならない。例えば、どこかの映画館で火事が起こったとする。非常に緊急を要する事態ですよね。そんな時でも、慌てず、絶望せず、辛抱強く動かないといけません。そうしなければお互いを傷つけ、殺し合うことになります。

ですから、まずはあなた自身が変わっていくための機会の窓をもってください。その窓を通じて、「マインドフルに食べる人」になってください。そして、あなたの大学でマインドフルな生き方を目指す友だちを十人集めて、「マインドフル・イーターズ・クラブ」というのをつくってください。それが他の大学にも現れて…、また次の大学に波及して…、というふうにして、世の中は変わっていくのです。

（神奈川・鎌倉）

誰もが、よりよい方向へと向かう旅の途上にある。

問 殺生を避けるためにベジタリアンになるという人たちがいます。しかし、動物を殺して食べることはしなくても、植物は殺して食べる。魚も米も同じいのちだと思うのですが。

答 「黒か、白か」と二者択一で考えるより、様々な程度や段階があると考えてみてはどうでしょう。例えば、植物を殺すのはどうか、魚を殺すのはどうか。それらはいいとして、では犬を殺すのはどうだろう、人を殺すのはどうだろう、というふうに。

私たちは生きていくために、生きものを殺して食べていかなければならないとまず考えてみる。でも、生きものではあっても、人間の肉は食べないこととする。次に、犬とか馬とか、人間と関係性が近い肉も食べたくない。さらに範囲を少し広げて、牛や豚の肉も食べないということにする。次に鶏肉を食べないことにする。そして、魚だけにしよう、と考える。そこで留まる人もいるし、さらに思い切ってもう一歩進めて、魚も食べないことにする人もいる。

さらにもっと深くいく人もいますね。穀物も食べず、果物だけを食べるフルタリアンという人たちもいます。果物は太陽だけの力で調理されているわけで、そこに人工的に火を入れて、〝殺さなくても〟食べられる、というわけです。

完全な「不殺生」はありえないのではないでしょうか。しかしこれは、「不殺生」へと向かう一人ひとりの旅なのだと考えていただきたいのです。誰もがよりよい方向へと向かう旅の途上にあるのです。ただ一つはっきり言えることは、七十億以上の人々が、アメリカ人のような食べ方をしていたら、地球が二つあっても、三つあっても足りないということです。熱帯雨林や原生林を破壊し、そこに牛などの家畜を育てる土地を切り開いて私たちは肉食をしています。中国では、開発、進歩、経済成長の名の下に、かつては少量だった肉食が急速に増えています。

ベジタリアンであれば、ひとりの人を養うのに一エーカー必要で、肉食の人は五エーカー必要だと言われています。つまり、ひとりの肉食の人を養うのに菜食の人の五倍の土地が必要だということです。ですから、肉食をする場合にも、その量を少なくすることによって、先ほど言った不殺生へと向かう道を進んでいることになるわけです。肉食を少なくした上で、工場のようなゲージの中で生産された肉の代わりに、自由に放牧されている家畜の肉をいただくようにするのも、不殺生に向かう一歩です。

肉を食べないと健康によくないとか力が出ないとか、よく言われますね。ある時、イギリスの田舎で会った子どもに教えられたことがあります。私はその子に「一番好きな動物は何?」と訊きました。その子は「ゾウ」と答えた。「どうして?」と訊くと、「なぜならゾウは菜食なのにあんなに大きい。だから大きくなるのに肉はいらないんだ」と言うんです。「じゃあ二番目は?」「馬」「どうして?」「なぜって馬は植物だけ食べて、あんなに大きくて、あんなに速くて、自動車の力を量る基準(馬力)になるくらい強いから」

その子が教えてくれた通り、肉を食べないと力が出ない、強くなれないというのは嘘です。ベジタリアンでも強く生きることができます。私は七十六歳ですが、産まれてこれまで一度も肉や魚を食べたことがありません。どうでしょう、私はエネルギーが足りないように見えますか?

すべての人が私のようなベジタリアンであれ、とは思いません。ただなるべく肉を少なくした方がよいとは思います。そして食べるなら、ローカルでオーガニックな、自然に近く、環境にもよいものを食べた方がいい、と言いたい。そして、各自の旅の中で、肉はこの程度にしておこう、ヴィーガン（動物性食品を一切とらない人）になろう、フルタリアンになろう、というふうにいろいろな選択があるでしょう。それはそれぞれの人の選択です。各自が自分なりのバランスをとりながら、生きていくのです。（神奈川・鎌倉）

小食は、自分を、そして世界中を助ける。

問 今の日本では、アメリカ人のように食べすぎて、体調を崩してしまう人が急増しているように思います。そういう私も、どうしても食べすぎてしまいます。どうしたら小食になれるでしょうか。

答 食卓についたら、食べ始める前に二つのことをしてください。まず食欲の一〇〇％ではなく、八〇％をいただこうと自分の心に言うのです。そして、丁寧に、「いただきます」という感謝の言葉を言います。こういう意識や心がけをしっかりもつ。これがマインドフルに食べるということです。こうすれば、過食を避けられます。

これを続けていくと、間もなく、お腹に少し余地があるということが、快感になってきます。お腹がいっぱいではない、そして身体が軽い、というのは一種の快感なんです。逆に、満腹というのは一種の苦痛です。

こういうことを子どもに伝えていくことも大切です。お腹が軽いということの素敵な感覚へと、子どもたちを導いてあげなければなりません。もちろん、自分が小食にすればその分、飢えに苦しむ人も減ります。私たちのお腹はゴミ箱ではありません。まるでゴミ箱にゴミを投げこむように、食べ物をむさぼるのはやめましょう。

もう一つの小食のテクニックは、噛むことを楽しむことです。食べ物はそれぞれ、独特のすばらしい味をもっているわけですから、それらを長く味わう。液体になるくらい噛み続ければ、必ず小食になっていきます。噛まずに急いで食べるのは、お腹に歯がするはずの仕事をさせるようなことなのです。

少なく、穏やかな食事を心がけましょう。そうすれば、よいことがたくさん起こるにちがいありません。

（神奈川・鎌倉）

農の大切さ、土とともに生きる歓び。

問

地方では、農業の担い手が高齢化して、後継者がほとんどいなくなっている。しかも、米をつくればつくるほど、赤字になるという状態です。こういう状態をどう考えていけばよいか、教えていただければと思います。

答

ぜひ、あなたのメッセージを都会の若者たち、特に学生たちに、そして大学で教えている人たちに伝えなければならないと思います。そのメッセージの中心にあるのは、農の大切さであり、土とともに働く喜びです。これまで大都会では、農的な暮らしがいかに大変かとか、いかに辛くて厳しいものかといった、負のイメージばかりが、人々の心の中に植えつけられてきました。しかしこうしたイメージにはほとんど何の根拠もないのです。それに対して、田舎の、農的な暮らし方には、どんな喜びがあるかということをどんどん発信して、都会に届けていかなければなりません。例えば大学では、半年間はキャンパスで勉強するにしても、あとの半年間は地方に住んでそこで学ぶという、そういう流れをつくり出していくべきです。これまで支配的だったのは、子どもや若者の頭の中にどれだけ知識を詰めこむか、という教育でした。これは本当の教育とは言えません。これまでは、頭（head）のHだけの教育だったわけですが、本来は、それに心（heart）のH、そして手（hands）のHが加わって三つのHが揃っていなければならないのです。ハンズは身体性を、ハートは感性を象徴する言葉です。そして日本では四つ目のHを加えたい。それはハラ（腹）のHです。日本では古来、腹こそが魂のありかだと考えられていたようですから（笑）。というわけで、今できあがった教育の〝4H〟を大切にしていきましょう。

　農を蔑《さげす》む態度は、一種の洗脳の結果ですね。実際、教育でもメディアでも、農的な営みを非常に低いものとして扱ってきたのです。これをひっくり返していくことがとても大切な仕事になります。農業の方が、コンピューターを動かすことよりも、ずっと高級で価値のあるものだということを、みんなが学ばなければなりません。これは教育の大転換を意味します。

　でも若者たちはもう感じ始めていますよ。だんだんわかり始めている。子どもの頃から長年苦労して、受験戦争を生き抜いてやっと得た職業に、失望している人が多いのです。東京の高層ビルのオフィスで働いても、もう面白いとは思えないのです。自分の人生がたったこれだけのものであるということに、我慢がならなくなっているんですね。そしてだんだん土とともに生きる、自然とともに生きるということのほうがずっとやりがいがあって、楽しいんだと感じ始めている。つまり洗脳から自由になり始めているわけです。

そういう若い世代に手を差し伸べるのが上の世代の役割です。地域から、田舎から、昔の宣教師たちがやってきたのとは逆に、田舎から都会へとキャンペーンを繰り広げるのです。こういう生き方がある、というメッセージを、もっともっと宣伝し、広めていくのです。質問者の言われる困難な状況はわかりますけれど、それを単に困難としてではなく、むしろ絶好の機会が訪れている、というふうにとらえてほしいのです。

（福井・高浜）

自分を決して過小評価しないこと。

問

原発事故で京都に引っ越してきて二年になります。私の実家は福島で、原発事故から八キロの所です。事故から今にいたる経験や気持ちがどのように変化してきたのかについて、これまで何度か話をする機会がありました。この体験を日本の外の方にも聞いていただくために、今さらながら英語がとても大切だと感じています。まず一つ目の質問ですが、四十歳をすぎた私でも、これから英語を勉強したら、自分の体験談を話せるようになるでしょうか。もう一つは、原発事故を経て、収拾のめどもたたないのに原発を再稼働しようとする国が管轄する公立の学校に、自分たちの子どもをやって大丈夫なのかと不安をもっています。サティシュさんが学校を開設したというお話をうかがったのですが、私たち夫婦のような者でも、子どもを通わせたいと思えるような学校を、自分たちでつくることはできるでしょうか。

答

最初の質問ですが、あなたが英語を学び始めるのに歳をとりすぎているということなどありません。何を学ぶにも歳をとりすぎていることはない。私の師、ビノーバ・バーベ（◆）は、六十歳の時に日本語を学び始めたのですよ。私は三十五歳にして英語を学び始め、今ではこうして英語の雑誌の編集主幹を務めたり、英語で教えたりしています。ですから遅すぎることはありません、ぜひ、今日から始めてください。ただし、毎日やるんですよ。毎日、三十分、一時間、勉強を続けてください、一年後にはもう立派に喋ることができるでしょう。

二番目の質問ですが、私たちが自分の住む村でスモール・スクール（◆）という中学校を始めた時には、まず、近隣の人たちに声をかけ、三十人で集まって話し合いをしました。その時親たちが言ったのは、ある程度の数の子どもたちが集まるようなら、自分の子どもも預けられるということなんですね。同じように声をかけてみてください。五人集まれば始められますよ、本当に。私たちの学校は九人の生徒から始めました。

この二つの質問のどちらにも関わっているのは、自分に自信をもつということですね。自分自身を決して過小評価しないことです。ええ、勇気をもってやれば、必ずうまくいきますよ。

（福井・高浜）

◆ビノーバ・バーベ（一八九五―一九八二）　インドの思想家、社会運動家。ガンディーの右腕として非暴力・不服従運動の第一指導者となる。大土地所有者が自主的に貧困層に土地寄進を行う土地改革運動を推し進めるため、インド全土を行脚した。

◆スモール・スクール　イギリス・デヴォン州ハートランドにある私立中学校。対象年齢は十一歳〜十六歳。一九八二年、サティシュ・クマールと地域の住民たちによって設立。現在の全校生は四十人。「ヒューマン・スケール（身の丈に合ったサイズ）」教育のモデルとして注目を集めた。

〝小さい学校〟は、一人ひとりが変身していくプロセス。

問

ぜひ、日本版のシューマッハー・カレッジをつくりたいと思っている人はたくさんいると思います。その人たちにアドバイスをいただきたいと思います。

答

そういう考えをもっている人に私もたくさん会いました。実は、種はもうあちこちで蒔かれています。ここにいる皆さんも、早速、同じような計画にとりかかることができるんです。皆さんがそれをつくったら、そこに私が教えに行きましょう。ここにいる辻信一さんも、そうした計画の力になりたいと思っています。大切なのは、同じ方向性をもって新しい学びの場を目指している日本中の人々がネットワークをつくって、互いに情報を交換したり、協力し合ったりすることです。私も辻さんも、そういう方々と連絡をとり合っていきたいと思っています。

シューマッハー・カレッジのような学びの場をつくるにあたって、まず考えてほしいのは、担い手である皆さん自身がスローダウンしなければいけないということです。例えばシューマッハー・カレッジでは、来る人に最低一週間過ごすことをお願いしています。週末だけ来たいという人は受け入れないのです。つまり、たっぷりと時間をとって自分がスローダウンするという、ある意味のコミットメントをする覚悟をもった人でなければ、来てもらってもあまり意味がない、とシューマッハー・カレッジは考えています。

というのも、私たちにとって教育とは、学びとは、頭(head)だけのものではありません。頭だけの教育というのが、現代世界では一般的ですよね。しかし、シューマッハー・カレッジの教育は、数式で言えばE＝3H、つまり、頭(head)、心(heart)、手(hands)という、Hで始まる三つの言葉で表される。日本ではこれに魂のありかであるハラ(腹)を加えて、教育の〝4H〟です(笑)。

今、辻さんと一緒に考えている日本の大人のための〝スモール・スクール〟(ゆっくり小学校◆)では、まず一緒に散歩をします。瞑想をします。料理をします。一緒にガーデニングをします。そしてその上で知的な議論や勉強をします。

しかし現代の日本の大学はどうでしょう? みんな頭でっかちではないですか? 手も

◆ゆっくり小学校　サティシュ・クマールの教育運動からインスピレーションを受け、辻信一と上野宗則が立ち上げた〝学びほどきと学びなおし〟の小さい学校。3・11後から構想を重ね、二〇一四年六月スタート。モットーは〝半分は冗談〟。

心も腹もない。つまり、身体も感性もスピリチュアリティもない。日本でつくられようとしている〝小さい学校〟、そしてこれからできてくるだろう日本版シューマッハー・カレッジでは、「愛する」ことを学ばなければなりません。「人とつながり合う」ことについて研究しなければならない。思いやりの心を学ばなければならない。つまり心の技術を習い、磨くのです。

要するにそれは、一人ひとりが変身していくプロセスなのです。これまでは「ただの消費者」と見なされ、扱われていた存在から、丸ごとの人間、ホリスティックな存在へと変身していくのです。もし、皆さんが新しい学校をつくってこういうことをやりたいと思うのなら、わたしは喜んで教えに来ます。

（東京・白金）

子どもに無限の価値を認めること、それが最良の教育。

問　私には二歳の息子がいます。母親として、こうした幼い子どもたちに、何をどう教え、伝えたらいいのでしょう。ひとりの母親としての心構えを教えていただきたいと思います。

答　私の母親は私にとって最も偉大な先生でした。長い生涯で出会うことのできた多くの偉大な師の中で、誰が一番偉大な先生だったかと思えば、私の母親です。では母が私に何をどう教えてくれたかと言えば、それは母が母らしく生きたその姿、母のあり方そのものなのです。

二歳の子どもたちは頭で、言葉を通して何かを学ぶのではありません。目で、耳で、鼻で、口で、すべてを味わうようにして学んでいきます。学びの中心にあるのは食べ物です。ですから、ぜひあなたのお子さんにすばらしい、丸ごとの食べ物を食べてもらってください。そして素敵なものをいろいろと見せてあげてください。自然界の花をはじめとした、美しいものをたくさん見せてあげるのです。すばらしい音を聞かせてあげてください。

二歳だって、お母さんが料理をしている姿を見ることはできますね。そして見ながら学ぶことができます。料理こそ最大の教育なんです。子どもが歩き出したらぜひその子どもと一緒に歩いてください。できたら裸足で歩いてください。春がきたら、そして天気がよかったら、桜の下を歩いてください。

あなたの子どもに最大の価値を認めること、それが最大、最良の教育というものです。あなたのお子さんはブッダやキリストやガンディーのように、人々をよりよい世界へと導くことになるかもしれない人です。松尾芭蕉のような偉大な詩人にもなりうる子です。決して子どもを過小評価してはいけません。「こんな程度だろう」などと思わないでください。その無限の可能性を信じてあげてください。

私の母は私を、ただの一度たりとも子ども扱いしませんでした。私をひとりの人間として敬意をもって接してくれました。そして私に自由を与えてくれました。これが子どもを教えるということの意味だと私は思います。


（東京・渋谷）

旅に出よう、そして歩こう。

問 『リサージェンス』にしても、シューマッハー・カレッジにしても、やはりビジネスとして成り立たなければなりませんよね。そういう意味で、ビジネスマンでもあるサティシュさんから見て、善きビジネスとはどういうものなのでしょうか。

答 『リサージェンス』誌は、一度として、一日たりとも発行が遅れたことはありません。そして一度として赤字になったこともありません。

ところで、このお店（デイライトキッチン◆）もまたすばらしいビジネスですね。おいしく健康的な食事を提供して、楽しい時間を人々に過ごしてもらう。そしてそれがビジネスにもなっていて、自分たちの生活の糧を得ることができる。

私は京都でも学生たちを前にこう言いました。「きみたちが大学を出る時、雇用を求め

◆デイライトキッチン　東京都渋谷区桜丘町にあるナチュラルフード&スイーツカフェ。「everyday natural food」がコンセプト。

ないでほしい」と。すでにある会社から雇用を分けてもらおうと考えるのではなく、社会に出たら、自分で自らの仕事をつくり出す、と考えていただきたい、と。ビジネスをつくり出すのです。世の中のためになると同時に、自分の心を豊かにするような仕事をする。それでお金を得たとしたら、それはおまけです。

そもそも、雇用されるというのはどういうことでしょうか？　それは雇用主の言いなりになる、ということではないでしょうか。雇用主が言うことを、ただ受け身的にやっていく、それは、一種の奴隷的な状態です。それに対して、自分で仕事を選び、つかみ、つくり、そしてそれをやっていく。それこそが自分の足で大地の上に立つ、ということだと思います。仏教で言う「八正道」（◆）、つまり、正しい生き方を選びとるということです。自分の心にぜひ訊いていただきたい。自分の心が本当に幸せだと感じることは何か。自分が真の生き甲斐を感じることは何か。自分自身がこれで本当に豊かになると確信できることは何なのか…。

しかしそれでも、なかなか気持ちが決まらない時はどうしたらよいでしょう。自問しても答えが見つからない場合にはどうするか。その時は旅に出るのです。そして修業をしたり、訓練を受けたりする。「インターン」という言葉がありますね。実習生として、何か学びながら働いてみる。そういう経験を積みながら、その中から答えを、心に響く本当の答えを見出していくのです。

日本にも「ウーフ（WWOOF）」（◆）という言葉を知っている人が多いと思いますが、例えばそういうことです。ウーファーというのは言わば道を求めている人の旅ですね。その中で何かをつかみとっていく。旅に出てください。そして歩くのです。「これだ」、というものが必ず見つかるでしょう。それまで旅をしてみてください。

ビジネスというのは冒険です。ビジネス自体が一つの旅なのです。それはあえてリスクを負うということです。それに対して既存の会社に就職するというのは、一見安全な、安易な道を選ぶということです。もし若い時にリスクを負うことができなかったら、一生のうち、いったいいつ、リスクを負うのでしょう？

若さとは、リスクを負えるということ。それをぜひやっていただきたいのです。『リサー

◆「八正道」　仏陀のはじめての説法は「四諦八正道（したいはっしょうどう）」と言われ、「苦」からの解放を説く仏教の根本の教えとされている。そのうちの「八正道」とは、苦を滅するための八つの実践方法が説かれたもの。

◆ウーフ（WWOOF：Willing Workers On Organic Farms）　お金のやりとりなしで、農場での「労働力・知識・経験」と「食事・宿泊場所」を交換する仕組み。一九七一年にイギリスで発祥し、オーストラリアやニュージーランドで発展、世界五十カ国以上に広まっている。

ジェンス』という雑誌も、「シューマッハー・カレッジ」という学校も、どこかの助成金によって成り立っているものではありません。利益を目的としない非営利事業ですが、一度も赤字にならずに、多くの人々がそれによって必要な収入を得ながら、世の中のためになるという確信をもって働いている。これがビジネスなのです。営利企業だけがビジネスではありません。

営利でも非営利でもないという人は、協同組合をつくるという方法もあります。これもまた一つの立派なビジネスです。

（東京・渋谷）

日銀総裁になったら、お金を全部タダにする。

問

今の社会では、仕事自体に意味が感じられず、それをしないとお金がもらえないから仕方なくやっているという感じがします。すべてがお金に換算されて、お金にならないと意味がないかのようです。でも、そうは言っても、「先立つものはお金」というわけで、私もいつの間にか取りこまれてしまいます。こういう現実の中で、しかし、お金に人間性まで奪われないように生きるにはどうしたらいいのでしょうか。

答

こんなふうに考えてみたらどうでしょう。そもそも、お金というものは何の努力もなしに生み出されています。昔は印刷すればいいだけの話でしたが、現在では大半のお金は刷ってさえいない。民間銀行のコンピューター上にあるのです。実際にもののやり取りに使われているお金は、全体の一〇%にも満たないのです。

そこでこう想像してみてください。みんながお金をタダでもらえるようにする。お金が必要なら、何の仕事をどのくらいしたかに関わらず、です。お金は全くタダであるべきだというのが、私の考えです。

自然界を見てください。それがなかったら生きていけないという最も重要なものは全部タダですね。例えば、空気を吸わなければどんな生きものも死んでしまいますが、タダです。太陽の光もタダです。水ももともとはタダですし、タダであるべきです。

同じように、もしも、お金が生きる上でそれほど必要なものならば、やはりタダであるべきです。だって、それがなければ生きていけないほど重要なものを、一部の人たちだけがたくさんもって、多くの人たちがもてないなんておかしいでしょ。空気をふんだんに吸える人と、なかなか吸えない人がいたらおかしいのと同じように。

私たちが生きているのはお金を稼ぐためではありません。仕事をするのはお金のためではなく、それが人間の本性だからでしょう。かつてアメリカで科学的な実験が行われました。五十人が家に住んで、なんの仕事もせずにお金をタダでもらえることにした。半分の人たちはあまりに退屈で、気分がおかしくなり、一週間で我慢ができなくなって、「お金は要らないから、仕事をさせてくれ」と言い出しました。二週間後には、残りの半分の人たちも、我慢ができなくなって、やはり「お金は要らないから仕事をさせてくれ」と言った。

この実験でわかったのは、たとえお金が得られなくても、人は何かをつくり出したいものだということです。

こういうわけですから、お金はタダにして、その辺に置いておいて、必要な時には誰でも自由にもっていけるようにすればいいのです。タダになってしまえば、もう貯めこむ必要もなくなるし、誰もたくさんもらおうとは思わなくなるでしょう。誰もタダの水をいっぱい溜めこもうとはしない。誰もタダの空気をいっぱい溜めこもうとは思わないのと同じことです。

お金とは豊かさ、富のモノサシです。しかし、豊かさや富そのものではありません。そこを区別することが重要です。

お金とは交換の手段です。一つのアイデア、考えにすぎません。そしてコンピューター上の数字にすぎないのです。私がもし日銀の総裁であればお金をタダにします。いくらでも好きなだけ誰にでも与えます。空気や水がタダであるように、お金もタダにします。

お金とはもともと、単なる便宜的なものだったのであり、富そのものではありません。土地は富です。木も富。技をもちアートを生み出す皆さんの手は富。創造力こそが富です。それが豊かさというものです。

恐怖によって人々をコントロールし、支配するためにつくられたのが今のお金なのだと思います。芭蕉は金儲けのために俳句をつくったわけではないですよね。茶道でお茶をたてるのはお金のためではない。お寺や神社のすばらしい建築物はお金儲けのためではない。どちらにしても人々は働くのです。仕事をするのです。そしてものをつくり出すのです。

お金を支払わないと人間が働かなくなってしまうというのは、なんの根拠もない、つくり上げられた恐怖なのです。お金は何かを解決するものと思われていますが、それは逆です。むしろ問題を引き起こしているのがお金です。そしてお金は人が人を支配するためにの道具です。大企業はお金によって人々を支配している。

私をぜひ、日銀の総裁に選んでください（笑）。そうしたらお金を全部タダにします。そうすることによって、人々が真の創造者になれるようにしたいと思います。美しい建物を建てたり、おいしい作物をつくったり、快適な服をつくったり、そういう創造的な仕事を自由にできるようにします。

非現実的な夢物語を話していると思いますか？　理想主義的だと思いますか？　確かに過去二百年間、人々は現実主義と言われる人たちを選挙で選び、すべての力を託してきたわけです。しかし、現実主義者たちに一切を任せてきたその結果は、さてどうでしょうか？

彼らがつくり上げてきたものは、経済危機、経済危機、経済危機…、終わりなき経済危機です。であれば、現実主義者にはそろそろ愛想を尽かして、退場を命じたらどうでしょう。そして、理想を目指す者たちにチャンスを与えるのです。

私がもし選ばれたら、必ず経済危機をなくしてみせます（笑）。


（神奈川・鎌倉）

お金は本来、地域における交換の手段にすぎない。

問　今の話に関連した質問ですが、やりたいことをビジネスにして利益を得ることはいいことなのかどうか、自分の中で葛藤があるのですが。

答　私はお金というものを全廃しろと言っているわけではないのです。あなたがいいサービスを社会に提供したいと思い、それによって生きていけるようになりたいのであれば、現在の経済の仕組みの中で、しかし、お金についてのちがう解釈をもって生きていくことです。ちがう解釈とは、お金が単なる媒介の手段だということです。肝心なことは、自分がする仕事によって、相手の人生をよりよいものとするのに役立つ、ということ。そのために仕事をしているのであって、お金はそれの媒介でしかないという根本に立ち返ろうというのです。

交換の手段としてのお金は、本質的にローカルなものです。地域の中で循環して、いろいろなモノやサービスを媒介するものです。大きな経済システムの中で生きているのは事実だけれども、その中に溺れないで、「お金とは本来こういうものだ」というしっかりとした理解をもって生きてください。

私がこれまで話してきたお金のあり方は、確かに理想です。未来社会がこうあればいいな、という理想を語ってきたわけです。でもあなたは未来社会ではなく、現在の社会に生きているのだから、当面は今の経済システムの中で生きていくでしょう。しかし大事なことは、その仕組みの中にあっても、あなたがつくり出すサービスやモノが、エコロジカル、オーガニック、ローカル、エシカル（倫理的）といった価値を担っているということです。

そして大企業の中に雇用を求めるよりは、自分自身で仕事をつくり出して生きていく方がいい。というのは、雇用されるということは、多くの場合、その組織の言いなりになる、自分が本来もっている創造力をフルに発揮することができなくなることを意味しますから。自分が起業者、つまり主人公であれば、その才能を容易に発揮することができるはずです。

私は、創造性に富んだ小さな企業体が、至る所にたくさんできたらいいな、と思っています。そしてそれらが互いにネットワークによってつながっていくことを期待しています。

お金を様々な視点から見て、そこにちがう可能性を見つけていく試みが世界中で進んでいます。地域通貨、代替通貨、補完通貨などと呼ばれるものに注目してください。

いずれにせよ、人々を囚われの身とし、奴隷としてしまうのが現在のお金です。そこから、私たちは自らを解放しなければなりません。お金は本来、自分がより自由に生きるための手段であるはずです。

（神奈川・鎌倉）

未来は一割、残りの九割は今を生きる。

問　サティシュさんはとてものんびり屋に見えるのですが…（笑）、どうして雑誌の仕事がちゃんとできているのか不思議です。そんなにきちんとやるには、よほど、しっかりとした計画がないといけないと思うし、そのプレッシャーは大きいと思うのですが…。

答　あまり先のことは考えないのです。例えば『リサージェンス』について、二カ月先のテーマは何かと訊かれたら、私は答えられません。四十年間編集の仕事をしていますが、毎号出る度に、私にとっては驚きなんです。

私たちの雑誌づくりは極めて自発的で、一回一回がハプニングです。確かに原稿の依頼をするのですが、その度に、自分が期待していた通りのものが来たためしはなくて、どの原稿もどこからか湧いて出たという感じなのです。

『リサージェンス』に何か書いてもらおうと思って人に会うのではなく、誰かと話していて自分がインスピレーションを受けたら、執筆をお願いする。私が原稿を頼んだのは今まで全部こうなんです。自分の中にプランや思惑があったわけではないのです。

ですから、ある程度の予定を立てたり、一定の計画を練ったりすることも必要ですが、私には、それは全体の一割にしかすぎません。九割は今を自発的に、自分の中から湧き起こってくる力によって生きるのです。例えばある日、天気がよくて、妻が「海に行こう!」と言えば私は行くのです。そのためにはなんの予定も、計画も必要ありません。

ずいぶんいい加減に生きているように見えるかもしれませんが(笑)、自発性に任せて生きている結果、『リサージェンス』という雑誌は四十年間、一日も発行が遅れたことはありません。

つまりこういうことです。ほんの少しの予定や計画だけで、あとは自発性を最大限に尊重しながら、しかもちゃんとした仕事ができる。私はこの『リサージェンス』という雑誌の編集という仕事を重荷と感じたことも、プレッシャーと感じたことも一度もありません。それどころか、私にとっては喜びの源なんです。

ビジネスのプロたちが、ビジネスには次から次へと続くミーティングや、プレッシャーや、競争や、綿密な計画がつきもので、それなしにはビジネスができないと言いますが、私はそれを信じません。

（神奈川・鎌倉）

こだわらなければならないような予定はつくらない。

問　締め切り間近になっても記事が集まらなかったら、どうしますか。

答　一つの記事が遅れても、他のものが来ます。予定をもつことが必ずしも悪いのではなく、その予定にこだわるから苦しいわけで、予定にこだわらなければいい。あるいは、こだわるような予定をつくらなければいいのです。

（神奈川・鎌倉）

各自の天才に従って生きる。

問　でも、予定通り、赤字にもならずに出し続けることができるというのは、やはりサティシュさんが天才だからではないですか。普通の人にはできないのではないでしょうか。

答　そんなことはありません。みんなが天才なんです。誰にもその人の天才がある。私を真似しないでください。皆さん自身の天才に従って生きてください。すべての人がアーティストなんです。すべての人が科学者です。すべての人が哲学者です。

「あなたは天才で、私は天才じゃないから」というのは「逃げ」です。あなたの天才から逃げることなく、そこから生きる喜びを汲み上げてくださいね。

（神奈川・鎌倉）

これをすることで私の心は喜ぶだろうか、と問う。

問

サティシュさんはDVD『今、ここにある未来』(◆)の中で「ヒューマン・ビーイングであるはずの人間が、現代では〝ヒューマン・ドゥーイング〟になってしまった」とおっしゃっています。確かに現代人はあくせくと動き回って、あれこれ「する」ばかりで、「いる」という感覚を失っていると思います。「する」から「いる」へモードを転換するにはどうしたらいいか、アドバイスをいただけないでしょうか。

答

無理やりにしぼり出すようにして生み出される行為と、自分の中から自然に沸き起こってくるような行為との間には大きなちがいがあります。前者から後者へと、私たちは自分を導いていくべきだと思います。そのためにも、何かをする時にまず、「これは私が本当にしたいことなのか」と自問してみる。これをすることで私の心は喜ぶだろうか、と問うのです。自分が成長するために、自分の可能性を実現するために、これはよいことなのか、と考えてみる。毎日一回でもいいですから、どこかで自問してみてください。

私はヒューマン・ビーイング（人間）にふさわしい生き方をしているだろうか。〃ヒューマン・ドゥーイング〃になりさがっていないだろうか。ヒューマン・ドゥーイングというのは、魂のない自動機械、つまりロボットみたいな存在ですね。それに対して、仏教で言うマインドフルな生き方、深くて澄んだ意識をもって生きることで、ヒューマン・ビーイングという人間にふさわしい存在のあり方が可能になるのです。これからは、本当の意味で自分の心が喜ばない、自分を幸せへと導かないようなことは拒否してください。無理にしぼり出すような行動の代わりに、まるで雲から雨が降ってくるように、自然に行動できるようにありたいものです。

私は美しい桜の季節にこうして日本に来られて幸せです。桜を見てください。がんばってないですよね（笑）。力まずに淡々と花を咲かせ、そして散っていく。二つのことをはっきりと　区別していただきたい。一つは私が今話している「自分の心を喜ばせる」という意味の満足。もう一つは、自分のエゴ（自我、我執、利己心）を喜ばせるという意味の満足。この二つには大きなちがいがあります。エゴの満足の方は、〃ヒューマン・ドゥーイング〃

◆DVD『サティシュ・クマールの今、ここにある未来 with 辻信一』　サティシュ・クマールの思想を伝えるインタビュー映像作品。スローシネマDVD〃アジアの叡智〃シリーズ第一作目。

を生み出します。「もっと、もっと」と限りない欲求を抱えて動き回り、「あれも、これも」と行為を増殖させていきます。もう一方は「足るを知る」満足です。「今、ここ」にいることの中に、深い幸せを見出す態度です。毎日の何気ない行為をマインドフルに行うことを学び、自分を真に喜ばせる術を身につけてください。

（名古屋）

完璧であろうとしない。

問　自分が変わろうとする時、例えば、環境によいことをしようとする時、なんらかの犠牲が伴うと思うのです。特に、他の人との関係が難しくなるのが怖い、と感じている人が多いと思います。サティシュさんは今までにそういう経験をされたことはありますか。そういう怖さを乗り越える勇気はどこから生まれてくるのでしょうか。

答

まず、完璧であろうとしないことです。一〇〇%エコロジカルな生き方ができると思わないでください。そしてこういうふうに考えてみてください。エコロジカルなレベルを今できるところまで高めていこう。破壊的な影響のある生き方をできる限り少なくしていこう、と。

着るものなら、手の届く範囲でオーガニックのものを、あるいは、少なくとも国産のもの、フェアトレードのものを選ぶようにする。いつもできるとは限りませんが、まずは自分のもっているものの一〇%はそうしよう。そしてまたしばらくしたら、その割合をもう少し高める、というふうに。残りの持ち物がオーガニックでもフェアトレードでもなかったとしても、それはそういうものとして受け入れるのです。

また、肉食をする人であれば、いきなり全部止めようとしないで、一週間のうち二日は肉のない日にしようというふうに、まず決めてみてはどうでしょうか。私たちはイギリスで、「スローな日曜日」というキャンペーンを展開してきましたが、忙しい生活を送っている人は、少なくとも週に一日は車に乗らないとか、コンピューターに触らないとか、お肉を食べないと決めて、環境にもよく、また友だちや家族といった大切な人たちとのんびりと楽しく過ごせるようにするのです。あとの六日間は環境にも、自分にもよくない生活だけど、少なくとも日曜日はそうするんだ、というところから始めるのです。

何事も一歩一歩です。慌ててはいけません。私もそうしてきました。私もそういう矛盾やジレンマを抱えることがありましたが、その度に、同じように考えて乗り越えてきました。日本に来るのにも、私は飛行機に乗ってきました。それは環境には非常によくないことです。それでも来ました。確かに二酸化炭素をいっぱい出し、気候変動に影響を与えてしまったという意味ではよくないのですが、でもこうして日本に来て、多くの人と会い、環境問題について一緒に考え、エコロジカルな生き方について話し合うことができた。そして一人ひとりの中に小さな変化をつくり出すお手伝いができるとすれば、それはすばらしいことです。こうやって、自分なりにバランスをとりながら、できる限りよい選択をし、行動していくしかないと思っています。

（神奈川・鎌倉）

シンプルに暮らすことは
同時に、優美な生き方——

ハートランドのサティシュの家

料理は私にとって、大切な時間

マインドフルな暮らしでは、
家の中に何一つ不必要なものはない――

自然と一体となって、自然と調和して生きていく――

——不正に満ちた世の中を
「慈悲」と「ユーモア」で正していこう

ハートランドの家並

スモール・スクール

シューマッハー・カレッジで
何より大切なことは、
食事を楽しむこと、
そして、恋に落ちること——

シューマッハー・カレッジ

――そこにあるすべてのものが
地球というハーモニーをつくり出している

このすばらしい手!

リサージェンスのオフィスから見える庭

スピリチュアルな旅

愛
怒り
ユーモア
慈悲
コミュニケーション
宗教
心
アート

イズムをワズムへ！

問　世界中のあちこちで紛争や戦争などの暴力が頻発していますが、そこには宗教が原因として関わっています。サティシュさんにとって宗教とはなんですか。

答　宗教には二つの側面があると考えてください。一つはスピリチュアリティ、もう一つは神学、そして組織された体系としての宗教です。後者は信仰の固定的な体系なのです。この「固定的な体系」からこういう考え方が生まれます。「私の真実が本当の真実であって、あなたの真実は偽物の〝真実〟だ。だからあなたは私の方に来なければならない。私の信仰につながらなければならない」

私はこういう宗教は嫌いです。一方、スピリチュアリティとしての宗教の方とはなんでしょう。それは、愛です。奉仕、慈愛、共感、恵み、感謝、そして利己からの自由です。人間と人間との、人間と自然とのつながりをつくり出すもの、これが本来の宗教だと思います。

私は混乱を避けるために、宗教とは言わず、あえてスピリチュアリティと言います。今一般的に宗教を名乗っている団体は、その体系をつくり直すべきだと思います。神学的に凝り固まったものを、一種の哲学や思想や世界観へと戻すような大きな転換を遂げてほしいのです。

哲学とは何かと言えば、物事を理解するための一つの方法です。数ある中の一つの見方です。それは固定的なものではありません。宗教をそういうところへと差し戻して、「固定的な体系」から解き放つべきです。

「なんとかイズム」というように、「ism」や、「主義」がつくものはたいてい凝り固まった体系を示しています。そこで私はこう言いたいのです。

「イズムをワズムへ！」

つまり、〝is イズ〟を過去形の〝was ワズ〟にして、凝り固まった古い宗教をみな過去形にしてしまおう、と（笑）。

（神奈川・鎌倉）

エコロジーもエコノミーも、愛が基本。

問

サティシュさんはよくエコロジーとエコノミーを車の両輪に例えられますが、これからの時代はスピリチュアリティもすごく重要になると思います。それをどう位置づけたらいいでしょうか。

答

エコロジーという言葉はもともとギリシャ語のオイコスとロゴスという二つの言葉がくっついてできたものです。エコノミーは、オイコスとノモスからできている。そのオイコスが「エコ」の語源ですね。この言葉はもともとはホーム、家、住む場所、という意味なんです。そしてギリシャの世界観では、この全世界が自分たちのオイコス、つまり家なのです。さて改めて考えてみましょう。ホームとは何か。それは人々が関係し合い、つながり合う場所です。

私は、そのつながりをつくり出すのがスピリチュアルな価値、スピリチュアリティということだと思います。オイコスが家庭だとすれば、それは夫婦、親子、兄弟姉妹、親戚、さらにはその家に集う友人や客人たちからなる集まりです。そしてこれらの人々を結びつけ、つながりを成り立たせているものが、愛です。愛という価値こそがこのオイコスの基盤なのです。

だから、本来はエコロジーもエコノミーも、愛が基本なのです。その愛の代わりに、自分、自分と、自分のことばかり主張していると、愛は成り立たないでしょう。エコがエゴになってしまう。シャレみたいですけれどね（笑）。

エコロジーの「ロジー」はロゴスですが、これは知識の意味です。知るということです。知識というと私たちは頭のことばかり考えがちですが、そうではなくて、知識はHで始まる四つの言葉から成り立っている。頭（head）、心（heart）、手（hands）、そしてハラ（腹）です。なぜか最後だけ日本語なんですが（笑）。日本では昔から魂のありかは腹だと考えてきたそうですね。

だからエコロジカルというと、環境に配慮したとか、地球に優しいとかとよく言われますが、それは実はスピリチュアルであるということなのです。

一方のエコノミーですが、エコノミーのノミーというのはノモスというギリシャ語から来ている。その意味は管理、運営するということです。質問者はエコロジーとエコノミーは両輪と言われましたが、正にそうなんです。一つでは成り立たない。だってそうではありませんか。住む場所のことを知らないで、どうやってその場所を管理運営できますか？　だからエコノミーとエコロジーというこの二つは、元来同じコインの両面と言ってもいい、切り離すことのできない間柄なのです。（岡山）

誰もが科学者、宗教者、そしてアーティスト。

問　音楽はもともと神聖なものだったと思うのですが、サティシュさんにとって音楽とはなんですか？

答　インドでは音楽は神聖なものです。宇宙は音によって成り立っていると考えられてきました。ガイアという言葉を聞いたことがありますね？　サンスクリット語ではガイアとはムーブメント（運動）という意味です。音楽も運動です。地球も運動です。

だからこそ地球はガイアなのです。歌もまたガイアと呼ばれます。『バガヴァッド・ギーター』という古代の書がありますが、あのギーターという言葉もまたガイアと同じ意味です。サンスクリットにサンギーという言葉がありますが、これは「ともに歌う」という意味で、様々な種類の楽器が一緒になって音楽をつくり出すのを、サンギーターと言います。

音楽が奏でられる空間と時間では、すべての人々が一つに融合することができます。そこには別個の存在という区別はありません。例えば、合唱ではどの声がどの人の声なのかということはもうわからない。言わば、エゴ、つまり自我が溶けて、一体となってしまう。音楽はその意味で私たちを一つにしてくれます。

これが、地球の女神の名前となったギリシャ語の「ガイア」という言葉の起源なのです。ニュートン力学に代表される近代的な世界観では、大地というのは単なるモノ、いのちなき死物です。しかしそれに代わるものとして、ジェームズ・ラブロック（◆）、リン・マーギュリス（◆）らが協力してつくり出した新しい科学では、地球を、大地を、生きものと見ます。これをガイア科学と言います。

◆ジェームズ・ラブロック（一九一九-）　イギリスの科学者、作家。「地球とは、生物と環境が相互に関係し合う一つの巨大な生命体である」とした仮説「ガイア理論」の提唱者として知られる。著書に『地球生命圏―ガイアの科学』（工作舎）などがある。

大地が生きているとすれば、当然意識をもっているはずです。そして地球は知性をもっている。記憶をもっている。そして魂をもっている。人間に魂というものがあるように、地球の魂、自然の魂があります。その意味では、地球は一つの音楽であり、シンフォニーと言えます。そこにあるすべてのものが地球というハーモニーをつくり出している。太陽の光が届き、そして土の中から育つ植物が光合成によって私たちの食べ物をつくり出す。これらはみんな、偉大なるシンフォニーの一部です。

種は大地とのハーモニーを奏でることによって一つの植物となるのです。水と土もまた生きるハーモニーです。だから土が水を含み、湿気を保つこともできるのです。私たちの身体もまたハーモニーです。私たちの中に、水があり、土があり、火があります。アーユルヴェーダ（◆）というインドの古代からの医学では、脈をとって、水、土、火がハーモニーを奏でているかどうかを見るわけです。指で土、火、そして水を〝読む〟わけです。例えば、「ハーモニーにはなっているが、ちょっと火が弱いかもしれない」というふうに。「だからショウガをとった方がいい」とか、ね。

こうしたハーモニーについての知識のことを科学というのです。この地球の空気、水、火、土といった様々な要素がどういうふうに調和をつくり出しているか――その理解を、化学や物理学や生物学という形で深めていく、それが科学です。次に、このハーモニーを表現していくこともできます。それが音楽です。そして建築であり、絵画です。芸術はハーモニーを表現するということだと言えるでしょう。

さらに、このハーモニーの実践、均衡や調和の実践を宗教と呼びます。例えば、家庭で子どもたちが親たちと調和して生きる、これが宗教です。そして自分の隣人たちと平和に生きていく、これが宗教であり、スピリチュアリティというものです。言い換えれば、このハーモニーの実践が、私たちを愛へと、非暴力へと、そして慈悲へと導いてくれます。というわけで、私たちは皆、科学を必要としています。アート（芸術）を必要としています。そして、宗教やスピリチュアリティを必要としています。この三つが一体となって一つの丸ごとを形成するわけです。しかし、現代社会ではこの三つを別々の箱に詰めこんで、バラバラにしてしまっているではありませんか。これは間違っています。この三つの間にあ

◆リン・マーギュリス（一九三八－二〇一一）　アメリカの生物学者。マサチューセッツ大学アマースト校地球科学部名誉教授。自然界は強い種が生き残る競争原理ではなく、共生こそが原理であり進化の原動力であると「共生進化論」を主張した。

◆アーユルヴェーダ　サンスクリット語の「アーユス：生命」と「ヴェーダ：知識・学問・真理」の複合語で、古代より伝承されるインドの伝統医学。身体、心、魂、行動や環境を含めた全体の調和を重視する生活の知恵、生命科学でもある。

るかに見える差異は、実は幻想でしかありません。同じことを知り、表現し、そして実践する、という三つの間にはなんの根本的なちがいもないのです。

私が宗教という言葉を使いましたが、どうかその宗教というものを、組織や団体というあのよく使われる意味の「宗教」と混同しないでください。教会やお寺に行かなくても、スピリチュアルな人間であることはできます。聖書を読まなくても、仏教の教典を、あるいは『バガヴァッド・ギーター』のような聖典を読まなくても、聖なる生き方をすることはできます。なぜならスピリチュアリティはお寺や教会の中にあるわけではないし、聖典の中にあるわけでもないからです。スピリチュアリティは我々の心の中にあるのです。

科学は第一に頭に関係しているもの。宗教、スピリチュアリティは心、そしてアートは手、身体に関係しています。身体を使って音楽を表現する人もいれば、絵を描く人もいる。家を建てる人もいるでしょう。しかし、もちろん、この三つはバラバラにあるわけではありません。現代社会では、科学者は頭だけの知識の専門家、宗教家は心の専門家、アーティストは表現の専門家、というふうにバラバラに分かれていますが、そんな必要はないんです。全部、もともとは一体だからです。それをバラバラにしてしまったから様々な大問題を引き起こしているわけです。例えば科学がスピリチュアリティと一体であるならば、どうして原発などというものをつくり出したり、遺伝子組み換え作物をつくり出したりできるでしょうか。それは、科学がスピリチュアリティを失ってしまったからです。スピリチュアリティと切り離された科学からは、価値の問題が、そして道徳や倫理が完全に抜け落ちてしまうわけです。

しかし科学だけではありません、スピリチュアリティの側にも同じ問題が引き起こされています。科学なきスピリチュアリティというのは、原理主義と呼ばれるものを引き起こします。寛容な心を失って、自分の信じていることだけが正しい、という偏狭な心の殻に閉じこもっていく、原理主義とはそういうものです。それが多くの問題を引き起こしているのはご存知の通りです。

互いから切り離された科学と宗教のことを話しましたが、この両者がアートを無視しているのも大きな問題です。思えば、人並み外れたスピリチュアリティをもつ聖人たちはみんなアーティストです。誰もが、芸術を、そして音楽を大切にしてきました。しかし偏狭な科学や宗教は芸術や音楽といった文化を無視しがちです。

ここにいる私たちは皆、三つを併せもつ存在、つまり科学者であり、スピリチュアルな人間であり、そしてアーティストです。え、誰が、という顔で周りを見ないように。あなたが、です。たいがいの人は科学者というと自分のことじゃないと思ってしまう。大学院とか研究室とか、あるいは企業の研究所とか、そういう特別な所にいる人たちが科学者だと思いこんでいる。スピリチュアリティというのも、お寺とか教会とかといった特別な場所にあるものだ、と。そしてアートもまた博物館だとかコンサートホールとか、特殊な場所で特殊な人たちがやっていることだと信じこまされている。しかし私はここにいる皆さんが同時にこの三つであると言いたいのです。

アナンダ・クーマラスワミ（◆）の言葉を思い出しましょう。

「アーティストとは特別な人のことではない、すべての人が特別なアーティストなのだ」

そして、アートの中でも最高のアート、それは「生きるアート」です。その他の、我々が普段アートと呼んでいるもの――音楽、踊り、美術など――はどれも「生きる」というアートから湧き出たものなのです。同じように、料理、ガーデニング、大工仕事、建築、これらもすべてアートです。それが自分の心を込めた仕事であり、その仕事をやり遂げるのに必要な技をもっている限り、それらはどれもアートなんです。

それこそが正に、日本の伝統文化の教えなのではありませんか。日本の文化はすべての行為がアートであるということを教えてきたのではないでしょうか。例えば茶道です。お茶というのは単にお茶を飲むという物理的な欲求を満たす行為ではない。それは一つのアートです。華道もそうですね。花は単なる花ではない、花を単にそこに置いているわけではない。それは一つのアートなのです。

というわけで、皆さん次第なのです。一つの行為を単なる行為、ただ仕方なくやっている行為だと考えるか、あるいはそれをアートにするか。つまり日常の一見なんでもないことを特別なことにしていくのは、あなた方一人ひとりの選択なのです。

どうか覚えておいてください。皆さん一人ひとりが科学者であり、スピリチュアルな人間であり、そしてアーティストだということを。

（岡山・高梁）

◆アナンダ・クーマラスワミ（一八七七－一九四七）美術史家、哲学者、東洋言語学者。ボストン美術館でインド芸術の学芸員を務めるなど、インドの芸術、文化、宗教を西洋に伝える先駆的な役割を果たした。

偉大なインスピレーションは、いつも自然からやってくる。

問 今、大学院で、都市生活と自然環境をアートでつなぐということをテーマとして研究を行っています。自然から隔絶された都市をもう一度自然とつなげるために、どのような方法があるのか、アイデアをいただけたらうれしいです。

答 アートは最初から自然と密接に、切り離しがたくつながっています。アートとは、自然界からのインスピレーションを形象化し、表現するものです。偉大なインスピレーションはいつも自然からやってきます。例えば、ゴッホのヒマワリですが、さて、より偉大なのはゴッホでしょうか、ヒマワリでしょうか。ゴッホのあの絵に何千万ドルを払う人がいますが、ヒマワリそのものの偉大さについて、誰も気にかける人はいないようです。偉大なゴッホが描かずにはいられなかったほどのヒマワリだというのに!

モネはあのすばらしい絵をつくり出すために、庭園をつくらなければなりませんでした。すばらしい現代作家アンディ・ゴールズワージー（◆）には、もう絵筆も、キャンバスも不要です。彼は自然界の中にあるものをあれこれ集めて、それをアレンジして芸術をつくり出しています。

今必要なのは、私たちの住む都会に自然を呼び戻すことです。私たちは町から自然を追い出してしまったので、今や自然は〝亡命生活〟を余儀なくされています。その自然をもう一度迎え入れようというのです。道という道を美しい並木にしましょう。そして駐車場を公園に替えましょう。そして公園には必ず生きものたちが住める池をつくりましょう。あちこちに菜園をつくり、誰もがガーデニングできるようにしましょう。

お若いあなたにはぜひ、アートの力を使って、自然を都会に呼び戻し、調和のある生活をつくり出す運動の先頭に立っていただきたい。あなたの住んでいる町の議会に、そして町長に、そして県知事に要求してください。自然とのつながりの中で生きる権利を。

自然のない都市というのはもともと西洋の考え方です。日本の伝統の中には、都会の中にも自然をふんだんに取り入れて暮らすという豊かな文化があったと思います。昨日、福岡の小さな旅館に泊まりましたが、そこには小さな箱庭がありました。本当に小さな空間

◆アンディ・ゴールズワージー（一九五六－）イギリス生まれ、スコットランド在住の芸術家、写真家。雪、氷、葉、岩、粘土、石、羽、小枝など、周囲の自然環境にある素材に手を加え、屋外彫刻やランドアートを制作するネイチャー・アーティスト。

なのですが、そこは美しい自然に満ち溢れていました。

アーティストは運動家であり、社会変革者なのです。例えば、ピカソは創作活動の傍ら、一生を通じて社会の変革や、平和のために努力をしたことで知られています。その一つの結果が、あの「ゲルニカ」（◆）という、世界中の平和希求の思いを象徴するような作品です。

若いアーティストの皆さんに私は訴えたいと思います。ぜひ社会変革者として活躍してください。アートというのは単に絵画や彫刻や歌や踊りのことではありません。最高のアートとは「生きるというアート」なのです。

その意味では、ここにいる皆さん一人ひとりがアーティストです。「生きるアート」の見事な表現者たちです。美術や音楽やデザインやダンスや文学やヨガや瞑想、さらには料理、ガーデニング、子育てなど、自分の得意なアートを実践してください。そればかりではありません。話すアート、教えるアート、聴くアート、学ぶアート、食べるアート、歩くアート、眠るアート、子育てのアート、人助けのアート、愛するアートを実践していきましょう。そうすれば皆さんの町はアートに満ちた美しい町になります。

（名古屋）

瞑想も医療も、調和を取り戻す方法。

問　瞑想とはなんですか。

答　ハーモニー（調和）についてお話ししましたね。大地におけるハーモニー、社会における、またコミュニティにおけるハーモニー、そして、自分自身の内なるハーモニーについて。さらに、自然と社会、社会と私、自然と私のハーモニーについて。

さて、瞑想というのも、そのハーモニーを学ぶための練習だと思ってください。

ラテン語のメドゥーレという言葉が元になって、メディテーション（瞑想）やメディスン（医療）という言葉ができています。瞑想と医療が同じ語源をもっているんですね。こ

◆ゲルニカ　スペインの画家パブロ・ピカソ（一八八一－一九七三）がスペイン内乱下の一九三七年に描いた絵画。ナチスドイツの空軍がスペイン北部バスク地方の町ゲルニカを無差別に爆撃。その報を聞き、パリ万博の壁画制作の主題を変更、白と黒のモノクロームで、抑圧される民衆の悲劇を縦三・五メートル、横七・八メートルのキャンバスに描き上げた。

のメドゥーレという言葉は、思いやる、大切にする、という意味だそうです。ですから身体が不調の時には身体を大切にして、必要なら薬（メディスン）を使う。心の方のハーモニーが乱れた時は、心を大切にしてあげて、その調和を取り戻そうとする。その時に有効な方法が瞑想です。

（岡山・高梁）

より深いアイデンティティを見出すための修行。

問

私はヴィパッサナー瞑想をやったことがあるんですけど、瞑想していると、ものすごく心地よい感覚になる時があって、でもあまりにも気持ちがいい感覚に入ってそこに浸ってしまうことはしないで、その状態を観察しなさいというふうにヴィパッサナーの時は教えられます。そのことについて、サティシュさんはどう思われますか。

答

ヴィパッサナーの「ヴィ」は「深く」という意味、「パッサナー」は「観る」、「観察する」という意味です。「いい気持ち」というのをたぶん先生は、あなたがまだ十分深くないところに留まっていると感じたのでしょうか。心というものは時々、ある心地よさとか快適さの中で、もうこれ以上行きたくない、行かなくていいと、ある意味、怠惰な状態に陥ることがある。

本物の冒険者、探検者であれば、もうこの辺でいいか、というふうに妥協せず、もう少し深く、もっと奥へと進むでしょう。ヴィパッサナーもそんなふうにより深く、より奥へ、というふうに進んでいく修行なんです。だからある程度の快適さでは留まらない。

「私はだれか」というふうに自問する時もこれと似ています。その「私は誰か」という問に、いろんなレベルで答えることができるはずです。例えば、私はサティシュだ、と名前で答えるかもしれない。あるいは私は、日本人だとかインド人だとか、国籍や民族名で答えるかもしれない。私は××会社の社員だというのもありです。これらはみな、便利で、楽な、ある意味、〝快適な〟答え方です。それに対して、深く、より深くと、以前には自分が知らなかった自分へと向かって進んでいくような答え方もあるでしょう。それが、自分のより深いアイデンティティを見出すための修行であり、ヴィパッサナーです。

ヴィパッサナーはインドより、ヨーロッパの方でむしろ人気があるのです。それはやはりティク・ナット・ハン（◆）の影響でしょう。インドではヨガのように、あるポーズをとりながらする瞑想が一般的です。

ジャイナ教でよくするのは立つ瞑想です。ご存じかもしれませんが、私は九歳から十八歳までの九年間、ジャイナ教のお坊さんだったのです。瞑想のことを「カヨーウッサグ」とジャイナ教では言いますが、これは「自分の身体を手放す」という意味です。意識が自分を離れて、自分を見ているような状態になります。意識から離れた身体はまったく動きを止めています。意識だけを離していく。それから横になった瞑想もあります。ヨガの中のシャバアーサナ（死体のポーズ）ですね。

（神奈川・鎌倉）

ハート、マインド、ソウル、スピリット。

問　日本語では心や魂にあたる、「ハート」、「マインド」、「ソウル」、「スピリット」という四つの言葉をどう区別したらいいのか、教えていただきたいのですが。

答　根本的には、同じ現実の四つの側面というふうに考えればいいかもしれません。例えば、今私たちが集っているこの家ですが、この建物には床があり、天井があり、壁がありますね。そしてそれらがつくり出すこの空間があります。この建物全体がある空間を占めているわけです。「スピリット」という言葉について言えば、この建物の中のスペース、そして外のスペースのことだと考えることができる。スピリット、そしてスピリチュアルという言葉の語源はラテン語の「呼吸」なんですね。ですから、スピリットは空気に

◆ティク・ナット・ハン（一九二六－）　ベトナム生まれの禅僧、詩人、平和・人権活動家。ベトナム戦争中、エンゲージド・ブディズム（変革する仏教）の指導者となり、非暴力に徹した社会運動を推進。フランスに定住し、瞑想や平和思想を学ぶ修養場プラム・ヴィレッジ（Plum Village Mindfulness Practice Center）を設立した。

相当すると思ってください。

一方「ソウル」というのは言わばこの床。そしてその床の下にある、土、大地にあたります。「マインド」はこの屋根、そして全体を見渡す視点、全体像、色々な側面を束ねるような存在だと思ってください。「ハート」はと言えば、フィーリングに近い。フィーリングというのは〝感じ〟ですね。どんなものにも、いい感じ、悪い感じ、心地よさ、違和感など、様々な感じがある。それがハートです。

そしてこの家をつくっている材料というものもありますね。土、木、藁であり、硝子や鉄です。それが「ボディ」と呼ばれるもの。この五番目のボディも忘れないでください。それを忘れると何も起こりません（笑）。


（岡山・高梁）

足の指先にも心があり、魂がある。

問　ハートがフィーリングっていうのはよくわかる気がします。それに対してマインドは思考とつながっているような気がしますし、ソウルはその思考とはまた区別された直感かな、と思えるのですが、いかがでしょう。

答　思考というと、それは頭であり、脳の働きですね。しかしマインドというのはそんなに小さく限定されたものではない。それよりもっとはるかに広く大きい。心は決して頭に限定されていません。もっともっと大きくて、神の心をも含むもの、です。日本で言う「腹」はソウルに近いと思います。もちろん、それは身体の部位としてのハラではない。「腹」はもっと内的な、精神的なものを含んでいる。

同じように、言語の便宜性のために、マインドはここにあって、ハートはここにあって、ハラ（腹）はここにあって…と言いますが、それはあくまで便宜上のこと。これらの言葉のそれぞれが、常に全体であって、しかしその全体のうちの異なる側面に注目した言い方にすぎない、という考え方をしたほうがいいでしょう。
例えば、この足の指の先が痛いということがある。なぜ痛いんでしょう。それはこの小さな指先にさえ、ハートがあり、マインドがあり、ソウルがあり、スピリットがあるからです。

（岡山・高梁）

勇気の横には、いつも慈悲の心が寄り添っている。

問

私たち日本人は自信を失っているような気がします。その一方で、空元気というか、原発をはじめとしたいろんな深刻な問題にはフタをして、日本人としての誇りを、などという人たちもいます。その二通りに日本が割れているような感じです。そんな時に、「勇気」という言葉が大事な気がするのです。勇気とは何か、について教えてください。

答

勇気(カレッジ)という英語の語源は「心」です。こころ。つまり頭からではなくて、心からやってくるのが勇気というものなんです。勇気の反対はなんでしょう。それは恐怖だと思います。恐怖に囚われている状態が、勇気が出ない状態です。だからその恐怖から自らを解き放つことが、勇気を出すということになります。

さて、この勇気というものの同伴者と言いますか、互いに補完し合う関係にあるのが、慈悲(コンパッション)です。慈悲と勇気はともに歩むものです。慈悲のない勇気は、蛮勇《ばんゆう》のように暴力的だったり、人を支配しようとしたり、勇気とは似て非なるものに転化してしまいます。

つまり、勇気というのは諸刃の剣なんですね。だから、ちゃんと慈悲の心、他を思いやる心を伴っていない時には、勇気は非常に危険なものにもなってしまう。でもこの勇気と慈悲がともにある時に、恐怖から解放されて、自由に本当のことを言える人になれるのです。

本当のことを言える、と今言いましたが、本当のこと、つまり、真実というのはたった一つではありません。たくさん真実があってもいいんです。ですからあなたは、あなたにとって本当のことを語ってください。ぜひその勇気をもっていただきたい。そして、その勇気の横に、いつも慈悲の心が寄り添っていることを忘れないでください。

(福井・高浜)

慈悲と共感の世界観へ。

問 サティシュさんの言われるコンパッションという言葉は、慈悲や共感と訳されますよね。改めて、この言葉にどういう意味が込められてるのか、うかがいたいと思います。

答 コンパッションの「コン」というのは「一緒に」、「ともに」ということです。それから「パッション」というのは感性や感情のことですね。ですから、自分の相手――それが生きものであれ、ものであれ、人間であれ――との関係において自分自身を確認し、自分自身を定義する、それがコンパッションです。自分はこの一本の木と切り離せない一体のものだ、と感じることです。

相手を単に死んだ〝モノ〟として、あるいは単なる資源としてとらえ、それを自分の好きなように扱ったり、ただそこから必要なものを取り出せばいい、と考えたりするのが、無慈悲、つまりコンパッションがない、ということです。自分と一体であると感じる、というのはどういうことかと言えば、もともとはそこにあったはずのつながりを取り戻すということです。

しかし、現代世界の支配的で近代的な世界観というのは、逆に、ものと自分とを切り離す、人と人とを切り離す、人と自然とを切り離す、ということをずっとやり続けてきたわけです。私たちは、この無慈悲の世界観から、慈悲と共感の世界観へと戻っていかなければなりません。自分が自然界から切り離された存在ではなく、自然の一部であり、それと一体であるという世界観です。

ですから皆さん、部屋の中に閉じこもっていないで外へ出ましょう、田舎に行きましょう。そして森へ、そして海へ行きましょう。自然界の中に身を置けば、自分が自然界と別々の存在ではないということが理解できるはずです。

（岡山）

共有・共存のコミュニティへと踏み出そう。

問　サティシュさんが考えられるコミュニティの姿とは、どのようなものでしょうか。

答　コンパッション（慈悲、共感）と似て、コミュニティという英語も二つの部分からなっていますね。「コン」は「一緒に」、「ともに」という意味ですが、それに「ユニティ」がくっついている。統一、調和、団結などを意味するあの「ユニティ」です。つまり、「つながって一つになっていること」、これがコミュニティの本来の意味なのです。この一つであるという状態に向けて人々を結びつけるものは何かと言えば、それは一つの価値観です。価値観を分かち合っていること、目標を共有しているということ、またそこへ向かってともに働くこと、これがコミュニティの意味です。

ところで、企業でも人々がともに働いているように見えますが、これはコミュニティでしょうか。会社に給料をもらうために行く、これは個々人の目的です。あるいは大学に学位をとるために行く、これも自分の勝手な目的ですよね。そういう個々人の利害が集まっただけではコミュニティになりません。

会社の話が出ましたが、会社は英語でカンパニーと言います。これもすばらしい言葉なんです。「カン」はさっきの「コン」と同じです。「パニー」というのは元はラテン語でパンのことです。つまりパンをともに焼き、ともに分かち合う、そういう集まりのことをカンパニーというわけです。私は時々、企業に呼ばれて話をするのですが、そんな時は開口一番、「ここは会社だそうですが、あなたたちは本当にカンパニーですか?」と訊くんです。本当にみんなでパンを焼いて、それを分かち合っているんですか、と(笑)。

そんなわけで、コミュニティというのは本来、自分のエゴ(自我)という殻から抜け出し、共有の価値観の中へと踏み出し、そうして他の人々とつながる、ということを意味しています。

さて、コミュニティにもいろいろありますね。最大のコミュニティはなんでしょう。それは地球という生命のコミュニティです。これがなぜコミュニティかと言えば、そこに生きるすべてのものたちが皆、「いのち」という一つの価値観、そして目的を共有して、ここに存在しているからです。空を飛ぶ鳥、地を這う蛇、野を駆ける動物たち、地中のミミズも、私たちと同じコミュニティの一員です。

それよりもっと小さな人間のコミュニティというものがあります。ともに人間という生を生きている仲間たちです。そこには黒人もいますし、白人もいます、黄色人種もいる。男もいる、女もいる。金持ちもいる、貧乏人もいる。いろんな宗教がある。でも皆同じ人間のコミュニティに属している一員です。その人間のコミュニティの中で、国益という名の下に、一つの国が自分たちだけの利益を追求したり、自分たちだけの権利を主張したらどうなるでしょうか。ですから、この人間のコミュニティにおいては、何よりもまず人間全体の福祉を最優先しなければいけません。

さらにこの人間のコミュニティの中に、日本というコミュニティがあるでしょう。この日本というコミュニティでもやはり、そのすべてのメンバーの利害を尊重するように、コミュニティが運営される必要があります。一部の人たちだけの利益のために、他の人たちの利害を犠牲にするようなことがあってはなりません。

その先にもいろんなサイズのコミュニティがありますが、それをいちいち説明する必要はないと思います。さて、一番最後のコミュニティはなんでしょう。それは身体だと思います。そこには手というものがあり、足があり、内臓があり…、それらがみんなで一つのコミュニティをなしています。このコミュニティの中で、もしもこの右腕のために左腕を犠牲にしたり、この耳のために目を犠牲にしたり、なんていうことはありえませんよね。コミュニティのすべてのメンバーが対等に尊重される、それが私の存在、私の身体というコミュニティのあるべき姿です。

というわけで、分かち合い、支え合い、共有、共存こそが、コミュニティの本質である。それがご質問に対する私なりの答です。

（岡山）

キュウリにも、石にも心がある。

問

以前、食事をご一緒した時に、サティシュさんは、キュウリにも心があると言って、ぼくの娘をビックリさせたことがありました。地球上のすべてのものが心をもっていると…。キュウリも生きものですが、生きもの以外、例えば、石はどうでしょう。

答

はい、石にも心があります。しかし、誤解しないでください。それは人間の心ではない、ストーン・マインド（石の心）です。人間中心主義という言葉がありますね。人間というのはいつからか、人間のマインドだけがマインドであって、動物たち、植物たち、虫たち、そして石や土や水は心をもっていないというふうに傲慢にも思いこむようになりました。しかし、人間の心をもっていないからといって、心をもっていないということにはならないわけです。それぞれにそれぞれの心がある。例えば、日本の心というのがあって、それはインドの心とはちがうと思います。でも、インドの心と異なるからといって、日本人には心がないと言われても困りますよね。それと同じことです。

（岡山・高梁）

〃生きている地球〃では、すべてが自分を生きている。

問　ものにも心がある、人間とは異なる心があると。では、ものとコミュニケーションをとることはできるのでしょうか。

答　コミュニケーションはもちろん可能です。例えばここに石がある。まずその石に触れてみる。見てみる。匂いを嗅いでみる。耳を近づけてみる。石はその存在全体からいろいろなことを表現しているわけです。その心を表現しているのです。それは自らの硬さかもしれない。冷たさかもしれない。自らの歴史かもしれない。様々なことを存在全体で表している。それを理解することはマインドフルに、澄んだ平和な心で向き合えば、可能なはずです。

でも、石が日本語をしゃべり出すとは期待しないでくださいね(笑)。石の言語である〃石語〃を理解するように。でもこれは冗談ではなく、実際にそういうことに長けた人もいますよ。昔の職人さんの中には、石語がわかる人たちがいたわけです。禅の優れた指導者は、きっと石の言葉がわかると思います。例えば日本の禅寺には、石でできている石庭というものがありますね。それをつくる時、石をある所に置こうとすると、石が「いやいやそこじゃ困る」と言ったのでしょう。それなら、ちがう所へもっていったら、「ここだったらいい」と。これはもう完全にコミュニケーションが成り立っているわけです。

というわけですから、私たちはこれから、すべてのものに対して敬意をもたなければなりません。人間中心主義の考え方から抜け出すのです。残念ながら私たちは、「石ころなんてどうでもいい」とか「虫けらなんて踏みつぶしてもいい」などと思うようになってしまっている。元をただせば、これは近代的な世界観、ニュートン力学以来の考え方です。つまり、世界は心も魂もないただの死物にすぎない。人間にとってなんらかの役に立つ限りにおいて、存在価値を認めるといった、非常に偏狭で、傲慢な考え方です。

しかし、〝生きている地球〟という新しい世界観では、どんなものでも、生きているものも、生きていないように見えるものもすべて、自立して、自分を生きている。それぞれみんな立派にやっているわけです。私たちはよく、森を守れ、川を守れ、と言うけれど、人間の世話によって森は生きているわけじゃありませんね。人間が現れるずっと前から、森は常に森だったし、立派に自らを運営し、維持しながら、繁栄してきたわけです。（岡山・高梁）

コミュニケーションとは「ともに一つになる」こと。

問 石とのコミュニケーションも大事だと思いますが、ぼくが今、一番難しいと思っているのは、身近な人とのコミュニケーションなんです（笑）。言葉は通じているんだけど、逆に、その言葉が壁になって、意識の共有ができないというか…。本当に伝えたいことが伝えられないという思いを抱くのですが…。

答 コミュニケーションにおいては、言語はもちろん重要な助けなんですが、同時にそれは障害にもなります。言語によるコミュニケーションというのは親しい人であればあるほど、相手が自分を理解することが前提になってしまう。ちがう言語だったらなんとか相手を理解しようとするのに、親しい人だと、「あなたは私を理解すべきだ」というふうに考えがちなんですね。

しかし、そもそもコミュニケーションとはなんでしょう。この言葉は、「ともに」を意味する「コン」に、もう一つ、「ユニーク」という言葉がくっついてできている。ユニークとは、「一」ということ。だからコミュニケーションとは要するに、「一緒になって一つになる」ということなのです。

では、どのように一緒になるか、ですが、まず私があなたを理解する、そしてあなたが私を理解する、それで一つになる、というのが筋道です。ですからコミュニケーションで大事なのは、まず語らずに聞くということです。沈黙が第一歩です。沈黙し、そして耳を傾けてください。そして次に聞いたことを消化します。聞いたのはこういうことだ、いや、こうかな、やっぱりこういうことだ、というふうに確かめながら消化する。

次に、相手が言ったことを確かめたら、今度は、その中で一番よい側面を見出してください。つまり肯定的に相手の言ったことに向き合って、中からよい質を選び出すのです。批判的な態度で、おかしなところや足りないところを探すのではなく、まずは、肯定的なところを見つけて、その上で、何かそれに足すものはないか、それを補完するにはどうしたらよいか、という態度で、相手と一緒に何かをつくっていく。壊すのではなくて、建設していく。

そう考えると、コミュニケーションが上手くいかないという時には、往々にして、実はコミュニケーションしようとしていないのです。むしろ自分の考えを相手に押しつけようとしてしまっている。それは対話ではなく、説教です。

というわけで、コミュニケーションとは、一つのものをともに建てること。そして、一つになるということこそが本来の目的であることを肝に銘じてください。

耳はなぜ二つあると思いますか。それは「一度ではなくて二度聞く」ということではないでしょうか。とにかく、相手の言葉にしっかり耳を傾けることから始めましょう。

（岡山・高梁）

マイ・ライフ・イズ・マイ・メッセージ。

問

3・11の震災前から妊娠していた私は、福島県の郡山市にある実家に出産のため里帰りしていました。そこであの原発事故に遭遇し、切実な思いを抱きながら福岡に避難してきました。はじめての子育てを自然の豊かな場所でできていることに喜びを感じています。けれど、いつも葛藤はあります。地元に残して来た友人たちのことを思う度に複雑な思いがします。私は子どものために放射能はできる限り避けた方がいいと思うのですが、それに対して、「気にしすぎだ」と言われたり、「あなたの方がよっぽど大変だろう」と逆に心配されたり…。環境汚染、特に放射能についての情報はネガティブな情報なので、それを伝えることで相手に嫌な感じを与えてしまうこともあります。震災以来、友人たちと意思の疎通がどうもうまくできないと感じることが多いのです。愛に満ちたコミュニケーションができるようになるにはどうしたらいいか、ぜひアドバイスをいただきたいと思います。

答

いい質問をありがとう。コミュニケーションというのは言葉だけのものではありません。それは言葉以前の自分の生き方そのもの、暮らし方そのもののこと。あなたがどうやって生きているか、それこそがコミュニケーションなのです。インド建国の父、マハトマ・ガンディーに「マイ・ライフ・イズ・マイ・メッセージ」という言葉があります。「私の人生こそが私のメッセージ」という意味です。もう一つは「ビー・ザ・チェンジ」です。「世界がこんなふうになればいいなと思うその変化に、あなた自身がなりなさい」、「あなた自身がその変化を体現しなさい」という意味です。

コミュニケーションについて、もう一つ大事なことは、人に話をする前にまず耳を傾ける、ということです。私たちが二つの耳をもち、一つの口しかもっていないのはそのせいなのです。相手が何を言っているかをまず理解することができるかどうか、コミュニケーションはそれにかかっています。そしてその上で、自分が語る番が来た時に、真心を、思いやりを、慈悲の心をもって語るのです。

自分の目の前にいるのは敵ではありません。あるいは対立者ですらありません。同じ人間です。その人に愛をもって語りかけてみてください。イギリスの植民地主義や帝国主義に対して闘っていたガンディーはいつもこう言っていました。「あなた方イギリス人は敵ではない。兄弟であり、姉妹である。もしもインドに住みたいのならば、ぜひ住んでいただきたい。ただし、征服者としてではなく、友人として、隣人として、ともに生きていただきたい」と。

皆さんの脱原発のデモの中にこんな表現があるそうですね。「ありがとう原発、さようなら」。これぞ、すばらしいコミュニケーションの見本です。相手を一度認めて、その上で、しかし私は原発にさようならと言う。また自分の喜びを表現すること、そしてできれば笑いをそこに持ちこむことも、よいコミュニケーションのコツだと思います。コミュニケーションはお説教ではありません。お説教というのは一方的ですが、コミュニケーションは対話です。このことを念頭に置いて、これからも真実を伝えていってください。（福岡）

小さな規模から、少しずつ。

問

何年も前から農業がしたい、と、心の奥底から湧き出る思いがあるのですが、そこに飛びこむ勇気がもてないでいます。家族にちゃんと理解してもらえないのも一つの理由です。アドバイスをいただけたらありがたいのですが。

答

農的な暮らし、そして農業を始めるには勇気ばかりではなく、やはり修業が必要ですね。ですから、いきなり農業に飛びこむ前に、小さな菜園や庭でのガーデニングから始められたらどうでしょう。それならプレッシャーも少なくてすみます。試行錯誤をしながら、少しずつ、さらに次のステップに向けて、自分自身を育てていく。今年はこの程度だったけれども、来年はここまで、というふうに。それなら自分にも家族にも、ある程度の気持ちの余裕を与えることができるのではないでしょうか。

それともう一つ、農業で暮らしを立てようと思うと、やはりある程度規模を大きくしたり、機械化したり、ということになりがちです。そうなると、楽しいと思って始めた農的な営みが、単調で苦痛なものになってしまうかもしれない。人々が手と単純な道具類を使って働く喜びを大切にしていただきたいと思います。そのためにも、小さな規模から、少しずつ始められることをお勧めします。

家族の人が賛成してくれない場合は、こう言うのです。スーパーマーケットで買うよりももっとおいしくて体にいい野菜を、あなたに食べてほしい。私にそのチャンスをください。その言い方がとても大事ですよ。愛を込めて、優しく、言うのです。そして自分が本当にやりたいことをやらせてくれるすばらしい家族をもって、私は幸せだというふうに、感謝の心を込めて語るのです。

九歳の時に私はジャイナ教のお坊さんになろうと思いたったのです。でも母以外の他の家族のメンバーは大反対でした。そこで私は、心を込めて、反対する兄や姉に、こんなふうにお願いしました。

「私がお坊さんになったら、信心深くてすばらしい魂をもつ、敬愛するお兄さん、お姉さんに、さらに豊かなスピリチュアリティをもたらすことができるようにします。だから私にチャンスをください」、と。さらに、「ふたりが自由を尊ぶということを私はよく知っています。その知恵を私にもください」、と。

こういうコミュニケーションができる人になってください。これは同じ「甘い言葉」でも、嘘や甘言という意味とはちがう、本当の意味での、甘い、優しい、思いやりのこもった言葉という意味です。

（京都）

山の頂上でキスを交わそう。

問

自然派の私はパートナーと意見が合わず、自分が思う理想の生活をともにすることができそうにないのですが、どのようにしたらよいでしょうか。

答

質問をしてくれたあなたは、あいにく、まだ愛の力を十分に発揮していないようですね。ぜひそのパートナーを誘って、自然の中を散歩してください。自然に興味がないと思っているかもしれないけど、満開の桜だったら興味をもってくれるかもしれない。自然派ではなくても、自分の健康には関心をもっているかもしれない。もしかしたらその彼は、都会で育ったので、コンピューターの前で過ごすことが多く、また食べ物はスーパーマーケットで買うという生活が長かったせいで、〝自然欠乏症〟（◆）にかかっているかもしれない。日本ではまだ知られていないようですが、この〝自然欠乏症〟は最近あちこちの先進国で大変注目されています。知らず知らずのうちに多くの人がこの病にかかって、苦しんでいるのです。

ですから彼に言ってあげてください。「一日は一緒に銀座を歩きましょう。でももう一日は、わたしと一緒に山に登りましょう」と。愛の力をフルに発揮して誘うのです。例えば、あなたと彼とで一緒に富士山に登ったら、どんなにすばらしいでしょう。頂上でキスを交わすのです。東京では皆忙しくて、キスをしている暇もないようですが（笑）。（東京・白金）

◆**自然欠乏症候群**　数々の健康障害は自然との触れ合いの少なさが一つの原因であると、作家のリチャード・ルーブが二〇〇五年に指摘。参考著書に『自然欠乏症候群―体と心のその「つらさ」、自然不足が原因です』（山本竜隆著・ワニブックスPLUS新書）がある。

怒りや憎しみより、自分の内なる愛に注目する。

問

わたしは反原発や反戦のデモへ行くと、〝負〟のエネルギーをたくさん感じて、いたたまれなくなります。そういう私でも原発や戦争を止めるため、持続可能な社会を目指すためにどうすればいいのか、ぜひアドバイスをいただきたいのです。

答

まず、人とのコミュニケーションを大事にしてほしいのです。一つは、笑いの力、ユーモアを活用することです。

それからもう一つ、怒りや憎しみではなく、自分の内にある愛に注目することです。例えば、政府に対して反対しているあなたの中にも、日本への愛があるということを思い出してください。あちこちで日本の国旗である「日の丸」について話をさせてもらっていますが、そこに描かれているのは太陽である、ということを思い出すのです。原発に関してあなたとちがう考えをもっている人たちにも、国旗に描かれているのは太陽であり、原発ではない、ということを思い出させてあげるのです。

日本は太陽の国であり、ふんだんな太陽エネルギーに恵まれた国です。そしてその恵みは、いつも、そしていつまでも続くのです。原子力発電をやろうと思ったら、まずオーストラリア辺りに出かけていって、危険なウランをもってこなければいけませんね。そしてウランが数十年後に枯渇したら、いったいその後どうするつもりでしょうか？　そしてそこから出る膨大な量の危険なゴミはどうするのでしょうか。でも、太陽は決して枯渇しません。これから何百万年にもわたって地球の上に降り注いでくれるでしょう。

脱原発デモで否定的なエネルギーを感じるということは、やはり「何かに反対している」、「何かと対立している」ということを感じるからだと思います。だから、これからはその相手に対してユーモアをもって、想像力をもって、アートをもって向かっていく。こうしたコミュニケーションの力や技を、皆さん磨いてください。

そして忘れないでください。コミュニケーションとは、一方通行のことではありません。相互の対話、これによってお互いが一つになることだということを。

（東京・白金）

ユーモアが幸せを運んでくる。

問

わたしは幸福学と笑い学を研究し、学生に教える仕事をしたいと思っています。サティシュさんにとって、幸福とは、笑いとは、なんでしょうか。

答

まずユーモアですが、一つの考え方は、物事をあまり真剣にとりすぎないということです。ユーモアに欠けているというのは、堅くて、柔軟ではない状態ですね。逆にユーモアがあるというのは、柔軟で、しなやかで、流れに応じて臨機応変に動いていける、ということ。重々しくなく、軽々としている。

こういうものだからこそ、ユーモアは幸せを運んでくる力をもっているのです。言い換えれば、ユーモアとは自発性のことです。「こうやって笑わせる」と計画するものではありません。自発的で自由な心、それが幸せにつながるのです。ハピネス（幸せ）という英語は、ハプニングと同じ語源から来ている。これも自発的に、計画なしに起こる出来事のことですが、幸せにも同じようなことが言えるはずです。

私たちは何をするにも、計画したり、予定を立てたり、目的を設定したりしすぎるのではないでしょうか。例えば、学校の生徒や学生を見てください。本来、勉強とは、「今」そして「ここ」を楽しむことであるはずです。しかし、現状はどうでしょう。次の試験のため、受験のため、進学のため、就職のためなど、いつだって将来のために何かを準備している。そしてそれが〝勉強〟の意味とされています。だから学校の授業はユーモアに欠けていて面白くないんです。これからは、学校を〝幸せ学校〟、大学を〝幸福大学〟にしていかなければなりません。もし大学生が「なんのために大学に行っているの？」と問われたら、「試験に受かるためでもなければ就職のためでもなく、幸せになるためです」と答えるようになるといい。

ブータンという小さな国は、まさにこのことを鋭くついたわけです。世界中の国々が、GDPとかGNPとか言っているけれど、本当に大切なのはGNH（国民総幸福）（◆）だと。つまり、大事なのは物質的な富ではなく、幸せだ、というわけです。同じように、これからは大学を、試験の点ではなくて、そこの大学生がどれだけ幸せかということによって評

◆GNH（国民総幸福）　一九七二年に、ブータンのジグメ・センゲ・ワンチュク第四代国王が提唱した「国民の豊かさ、幸福度」を示す尺度。長年ブータンの基本理念となり、二〇〇八年に成立した憲法第九条に明記された。

価するべきです。

ここにいる学生や生徒の皆さん、来てくれてどうもありがとう。お会いできてとても嬉しいです。これからは、試験でよい点をとるためではなくて、幸せになるために学校に、大学に通ってください。試験に受かるということは、あなた方が楽しく勉強したことの単なる副産物です。大学を出る時には雇用を求めないでください。その代わりに自ら仕事をつくり出すのです。やり甲斐のある、本当に価値のある仕事を自分でつくってくださ い。雇用と呼ばれる、人から与えられてする仕事は、おそらくあなた方を幸せにはしません。ですから、仕事を自分でつくり出してほしいのです。それが自分の人生の主人公になるということです。そうすれば、あなたの人生は幸せなものになるでしょう。

（東京・白金）

不正を正すのは怒りではなく、慈悲とユーモア。

問 怒りについてうかがいたいのです。ぼくはやはり不正や抑圧や差別に対する怒りは真っ当なものとしてあると思うし、民衆がそれによって動くことはあると思うのです。サティシュさんはその点、どう思われますか。

答 なるほど、おっしゃることはわかります。しかし、社会的な不正に対して抱く感情として、「怒り」はふさわしくないと私は思います。なぜなら怒りというものは、かりそめの、一時的なものだからです。社会不正に対する抵抗や闘いは、長い時間にわたる継続的で持続的なものです。時には一生をかけるものです。でも、あなたの一生を怒り続けて送るわけにはいかないでしょう?

怒りは一時的に、まるで山の噴火のように、噴出してくるような感情のあり方だと思います。それに対して、社会的な不正に対抗するよき政治のあり方があるとすれば、それは「慈悲」です。不正や抑圧や差別に対して長い時間をかけて闘った偉大な人々を支えていたのは、その慈悲であり、共感だったと思います。

そして、つけ加えるなら、「ユーモア」です。そもそも、すべての不正が覆って、すべての間違いが正されたような状態、つまり「ユートピア」のような理想的な状態は実現するものではありません。抑圧に対する抵抗には、不正を正す仕事には、長い長い時間がかかるものです。自分の一生だけでは足りない、子どもたち、そのまた子どもたちへとずっと続いていく仕事なのです。

二千五百年も前にブッダが愛の革命を起こし、また他の場所ではイエス・キリストが愛の革命を起こし、以来ずっと同じ仕事を人々は続け、いまだに私たちは続けているわけです。そしてその仕事はこれからも続いていく。そういう長い長い仕事なのです。このような息の長い継続的な仕事は、決して怒りなどによって支えることはできません。それを支えることができるのは唯一「慈悲」なのではないでしょうか。

そして、これはもちろん大きな仕事ですから到底ひとりではできない。ひとりの怒った人間ではできないから、というので、何百何千何万という怒った人たちでこの仕事をやろうとなったら、どうでしょう？　こんなにたくさんの人たちみんながいつも怒っているっていう状態というのは、嫌ですよね。考えただけでもゾッとします。

というわけで、不正に満ちた世の中を「慈悲」と「ユーモア」によって正していかなければならないと思います。

（神奈川・鎌倉）

正しい怒りの使い方。

問

怒りが変革のエネルギーになることはあると思うのです。一方で、怒りは憎しみに結びつくと困ったことになります。自分の中の怒りをどうしたらいいのでしょうか。

答

怒りの力というものは、すべての力がそうであるように、どうそれを使うかにかかっていると思います。私が提案したいのは、その怒りの力を、非暴力によって世界を変革するために使うことです。あのマハトマ・ガンディーがしたように、です。そしてあのイエス・キリストが、高利貸しに怒って、お金をつかんで外に放り投げたように。怒りの力を正しいことに使う、そして世の中をよくするために使うのです。もしもその怒りによって人を貶《おとし》めたり、人に屈辱を与えたり、人を傷つけたり、破壊したりすれば、それは悪い怒りの使い方です。

そして、怒りを個々人にではなく、彼らを動かしているシステムに、仕組みに向けるのです。そしてその仕組みをみんなで変えるために、この怒りのエネルギーを使っていくのです。(京都)

カップを上向きにしなければ、水は溜まらない。

問

昨日東京で非常に混雑している通勤電車に乗っていたのですが、同じ電車の中で二回、いさかいが起きたのです。ぼくはそれを見ていてすごく嫌な気分になった。どうしてそんな取るに足らないことで口論するのか、と。そしてそのあと、その嫌な気分が後を引いて、なかなかそこから抜け出せない自分がいて…。ここで質問なんですが、そういう場合でも、サティシュさんの言う「マインドフルである」というのはどういうことでしょうか。

答

あなた自身が慈悲を全身から発するということです。「ラジエート」という言葉があって、それは光や熱を発する、放出する、といった意味です。そんなふうに、身体から慈悲を発する。しかし、あなたが発する光は、強制ではない。相手に、「さあ、この光を浴びよ」とか、「この熱を受けとれ」とかというわけではない。もしも受け取りたかったら相手は近寄るかもしれないし、そうでなかったら、無視するか、離れていくか、でしょう。

さて、あなたが遭遇した状況がどういうものだったのか、私には分かりません。でも、もしも、その状況の中に、わずかな〝機会の窓(window of opportunity)〟がかすかにでも開いていたら、つまり、自分が何か一言挟めるような機会があったら、その機会をつかんでください。もしも彼らがまったく耳を貸さない状態であれば、何を言っても無駄なわけです。例えば、一つのカップがあって、それが下を向いている。その上に大量の雨が降ったとしても、一滴もその中には入りません。このカップの中に水滴が入るためには、それをひっくり返して、上向きにしなければいけません。上向きにしたとたんに、水はその中に入り、溜まっていきます。

世界は完璧な場所ではありません。喧嘩も起こります。もしもあなたが幸いに何か手助けすることができるなら、どうぞ助けてあげてください。しかし、他に何もできないのなら、どうか祈ってください。

（神奈川・鎌倉）

強盗よりも怖れるべき敵は、恐怖心。

問 暴力に対して、非暴力でしか抵抗できないのでしょうか。例えば、武器をもつ強盗が家に入ってきたら、無抵抗でやられるしかないのでしょうか。

答 まず考えてください。一生の間に、武装した襲撃者によって我が家で襲われる可能性が、いったいどれほどあるのでしょうか。五十年に一度あるかないかの武装襲撃のために、それを跳ね返すための武装や暴力システムをこちら側につくっておこうとしたら、それはなんという大きな無駄でしょう。

私は世界を二年半かけて平和行脚していた時に、二度、銃口を向けられました。その時、私が殺されていたら、私はこう思ったでしょう。「平和のために歩いていて、平和のために殺されたのだから、よい死である」と。ガンディーもこう考えていました。「私は自分が武器でもって自己防衛するよりも、平和のために非暴力で闘っている自分が殺される方がよい」と。

自分が暴力をもって対抗するとすれば、相手のレベルに自分を貶《おとし》めることになります。暴力をもって抵抗するということを敷衍《ふえん》して考えれば、地球上の七十億人全員が武装しなければならないということになります。それはいったいどのような世界なのでしょうか。私は、相手が泥棒であろうと、強盗であろうと、誰かを殺すよりは、殺される方を選びます。私は恐怖から自由でありたいのです。私が銃をもって歩くとしたら、それは私が恐怖に囚われている、「囚われの身」だということです。私にとっては「恐怖心」の方が、強盗よりも怖れるべき敵です。あなたはどちらを選ぶでしょうか。強盗に襲われる恐怖をもちながら武装して生きる道か、あるいはその恐怖から自由に生きて、強盗に襲われる時には殺されるという道を選ぶか。

殺されるということは、しかし同時に、新しい生を得るということです。もしも襲ってきた強盗の欲しているものが、私がもっているものであれば差し出します。そうやって失ったものが必要なものなら、また働いて得ればいいではないですか。私が何よりも嫌いなのは、恐怖とともに生きること、恐怖に囚われて生きることです。地球上の九九％以上の人々は強盗ではないでしょう。一％以下の人たちのために、他の九九％以上を武装させるような考えに私は与《くみ》しません。

（神奈川・鎌倉）

「黒か、白か」、「すべてか、無か」と考えないこと。

問

自分はともかく、愛する人を守る、家族を救うために、ある種の暴力が必要なこともあるのではないかと、どうしても思ってしまうのですが。

答

確かに難しい状況もあるでしょう。しかし、今世界で本当に問題なのは、個々の小さな暴力的状況ではなく、巨大で組織化された構造的な暴力です。そして、それが、個々人の生きる日常にまで大きな影響を与えているのです。

アメリカやロシアや中国では、巨大な国家予算を投入して暴力装置を維持し、さらに増強しています。軍隊を放棄すると謳《うた》った憲法をもつ日本は、世界の中で燦然と輝く一つの非暴力の模範となってきました。日本人は誇りをもって世界に出て、この例を見習ってほしいと主張するべきです。

確かに小さな暴力という問題は存在しているけれど、それは、ある意味、どうにもならないことです。なるべく暴力は、そして暴力的な状況は避けた方がいいですし、ある程度までの暴力に対しては抵抗しない方がいいと思います。しかし、暴力的な状況に否応なく巻きこまれてしまうことはありえますし、防衛的な行動をとらざるえないこともありえるかもしれない。それは仕方のないこととして、見過ごされてもいいし、咎《とが》められなくてもいい。

全く暴力がない、完璧な非暴力という状態というものはありえないでしょう。それは理想です。その非暴力という理想から、遥かに遠い世界で私たちは生きています。核兵器などというものさえつくり出してしまいました。この気狂いじみた強大な暴力の世界に生きているのですから、理想までは遥かな距離があり、そこへと向かう旅も長い、長いものとなるでしょう。そして、そこへと向かう私たちは誰もみな矛盾を抱えながら、生きています。

ここでも大事なのは、「黒か、白か」、「オール・オア・ナッシング（すべてか、無か）」と考えないことです。一〇〇％非暴力でなければ、それは一〇〇％暴力的だ、と考えないことです。肉食についての質問に対しても話しましたが、食においても非暴力という理想に向けて、暴力を少しずつ、自分にできるところから少なくしていって、非暴力の方をなるべく増やしていくように努力していきましょう。

まずは巨大な権力のシステムによる構造的暴力を問題としましょう。そして核兵器も原発もない世界を、世界中の民衆の連帯によって実現する運動に参加しましょう。その一方で、各自の日常的な暮らしのレベルで、暴力が減り、非暴力が広がり、膨らんでいくように、努めるのです。ガンディーがやったように、小さなスケールの暴力に対してもどういうふうに非暴力で対処できるか、解決できるかという知恵を、自分たちのうちに育てていくのです。

例えば、すべての研究を総動員してこうした知恵を育てる大学や研究所があるべきです。非暴力によって暴力を解決できるということを示していかなければならない。でも今は逆ですね。巨大な予算を費やして、大学の研究室を暴力的な装置をつくり上げるためのものとしている。それと同じくらいの努力とお金をつぎこんで、非暴力による暴力の克服のための研究に邁進すべきです。

（神奈川・鎌倉）

この世界全体があなたを幸せにするために働いている。

問　人生は山あり谷ありだと思うのです。よい日もあれば、すごく落ちこむ日もある。人に優しくしようと思っても、すごく疲れたり、悲しいことがあったりすると、余裕がなくなってしまう。それは誰にもあることだと思っていたのですが、しかし、サティシュさんを見ていると、いつも楽しそうで、穏やかでいらっしゃる。いったいどうやって心の平安を保たれているのか、と不思議に思うのです。サティシュさんのその素敵な笑顔の秘訣のようなものを教えていただけるとありがたいのですが。

答

悲しみと憂うつとはちがうと思います。悲しみは悪いものではありません。ある程度の悲しみをもっているということは、自分の心が生きている証だといえます。だからちょっと心に悲しみを感じた時には、それを楽しんでください。そして「ああ、私は生きているんだ」、というふうに感じてほしいのです。またちょっと頭が痛くなったり、風邪をひいたりした時にも、「わたしは生きているから風邪をひいている」と感じることです。死んだらもう頭は痛くないんですから。

しかし憂うつである理由、うつになったり落ちこんだりする理由はなんにもありません。だってそうでしょ。この世界全体、宇宙全体があなたを幸せにするために働いているんですよ。太陽は常に照り続け、ものすごいエネルギーを注いで、あなたに必要なものを届けるにために働き続けています。太陽と同じように、水が、土が、風が、そしてこの世界のすべてが、あなたに幸せを届けるために働いています。

あなたは愛から生まれました。お父さんとお母さんの愛から生まれました。そして、今もあなたは愛によって生きているのです。「おかげさま」という言葉の通りです。考えてみてください。あなたが今ここに達するために、どれだけの友だちがあなたを支え、どれだけの人とどれだけのものが、あなたを育んできたかを。

憂うつやうつ病に対する薬はただ一つです。それは感謝です。どれだけのものや事や人のおかげで自分がここにいるかということを感じてください。これがあなたがうつから抜け出す方法です。私は毎日太陽に向けて、手を合わせてお辞儀をします。そして、こうしていのちを与えられていることに対して感謝をします。

こうした感謝の心に満たされる時、近寄ってきていた憂うつは逃げていきます。それはちょうど暗闇の中に、ロウソクを灯すようなもの。光を灯したとたんに暗闇は去っていきます。ですから、あなたの心に感謝のロウソクを灯してください。

（東京・渋谷）

死を肯定的に考える作法をつくり出す。

問　マインドフルに「今、ここを生きる」ために、生きとし生けるものがいつかは死んでいく存在であるという事実に向き合うことが大事だと思っているのですが、サティィシュさんは、ご自分の死についてどのようにとらえていらっしゃいますか。

答　自分自身の死について言えること、それは「私には死ぬ準備がある」ということです。あなたは「今、ここを生きる」と言いましたね。そのためには、あなたが言う通り、死について想うこと、死に向き合うことが役に立ちます。

もし自分が、今を生きる代わりに未来を生きていたら、どうでしょう。その未来なるものは来ないかもしれない。結果や成果といった、将来できるはずのものに向かって生きているとしたら、その〃果実〃を見ないうちに自分はもう死んでいるかもしれない。

このことを深く想う、つまり、死という避け難い事態に向き合うことが、「今、ここ」を十全に、マインドフルに生きるために大変に役に立つ。その意味で、死について否定的なこととしてではなく、肯定的なこととして考える作法を、自分の中につくり出していく必要があると思うのです。

死とは悪いものではなく、善きものです。インドの神々の世界では、死の神シヴァはブラフマーやヴィシュヌといった誕生の神と同列です。インドにはシヴァ神のお寺はたくさんある。ここにも、伝統的な考え方で死が歓迎すべきものと見られていたことが示されている。

死とは解放です。死がなければ誕生はありません。だれか偉い人が私に、「五百年生きられるような祝福を与えよう」と言ったら、私は丁重にお断りします。

（神奈川・鎌倉）

変革を体現しよう――

——木はお釈迦さまの先生だった

スーパーマーケットで買うよりも
もっとおいしくて体にいい野菜を、
あなたに食べてほしい——

ベンチとは
分かち合い精神の象徴です
私たちも
ベンチのようにありましょう

日本の文化には
「シンプルが美しい」という証明がある
「わび・さび」という美学の伝統が——

美しい桜の季節にこうして日本に来られて幸せです
桜を見てください
力まずに淡々と花を咲かせ、そして散っていく

旅に出よう、そして歩こう——

ビー・ザ・チェンジ!

テクノロジー

日本

未来

3・11

社会変革

政治

人の手を助けるよい技術、それにとって代わる悪い技術。

問　私は技術者ですが、福島の原発事故以来、技術者としての自分の仕事について悩んでいます。これからの社会におけるテクノロジーの役割について、どのように考えたらいいのでしょうか。

答　技術やテクノロジーは、それ自体、悪いものではありません。技術は、人間の手を助けたり、補ったりしている限りはよいものなのです。しかし、人間のこの偉大な手を、無用にしてしまうようであれば、それは悪い技術であると私は思います。

テクノロジーにはテクノロジーの役割があります。例えばコンピューターや飛行機などをつくるのは人間の手ではできません。ところが人間の手でなされるべきもの、なされてきたことがあります。技と呼ばれるものです。例えば、食べ物をつくる、料理をする、工芸品をつくる。これらの技にテクノロジーがとって代わるのが問題だと言いたいのです。

人間というのは本来クリエイティブなもの、創造性に富んだ存在です。その人間を単なる消費者にしてしまって、本来、自分でつくるべきものを代わりに工場でつくってもらって、ただ受身的にお店で購入するだけの存在にしてしまう。それは人間を貶《おとし》めることであり、人間を退化させ、劣化させることだと思うのです。そういう技術を私は悪い技術だと考えています。（京都）

パソコンの時間が、自然の中で過ごす時間を越えないように。

問 生活でも仕事でも、コンピューターの前に座っている時間がどうしても長くなります。困ったことだとは思うのですが、サティシュさんはコンピューターについてどう思われますか。

答 私は「コンピューター反対」の人間ではありません。そしてまた、テクノロジーを敵視しているわけでもありません。ただ私が言いたいのは、コンピューターにはコンピューターにふさわしい場所がある。コンピューターがその場所から飛び出して、私たちの暮らしを悪化させたり、支配するようなことがあってはならない、ということです。

仮にあなたが二時間、コンピューターの前に座るとしましょう。もし二時間そこに費やすのなら、それと少なくとも同じくらいの時間は外に出て、ガーデニングをしたり、散歩をしたり、あるいは桜の花見に行ったり、といったことのために時間を使ってほしいのです。なぜ土や花に触れるよりも、コンピューターの方に長い時間をかける必要があるのでしょうか。

今日ここにはいないことを望みますが、今多くの人が、コンピューター依存症になっています。ちょうどアルコール依存症のように、コンピューターなしには生きていけないというような。人生というものにはコンピューターの前に座っている以上の、あまりにも多くのすばらしいことがあるはずですよね。それをぜひ皆さんに見出していただきたい。

「マインドフル」という言葉がありますが、これが重要です。それによって、人生の優先順位、いったいなにが大事なのかが明らかになるのですから。考えてみれば不思議なことです。いったいどうして、仕事に追われて大切な人たちと過ごす時間がとれないなどということが起こりうるのでしょうか。マインドフルに、何が一番人生で大事なのかを見極めなければいけません。

私がコンピューターについて心配するのは、コンピューターを通じて、だんだん私たちが単なる消費者になりさがってしまう、ということなのです。人間であるということは、単なる消費者であること以上のもっともっと豊かな意味をもっているはずですね。人間は偉大なる手と、想像力をもって、様々な善きもの、美しきものをつくり出すことができる存在なんです。家をつくることもできるし、着るものをつくることもできる、食べ物をつくることもできる。そういうクリエイティブな存在だということを、コンピューターによって忘れてもらいたくないのです。

このすばらしい手、この指が、単にコンピューターをたたいているだけだとしたら、なんともったいないでしょう。その同じ指で土に触れていただきたい。もしも皆さんの手が土の中にもあるのなら、コンピューターをたたくことに私は反対しません。しかし土を触るのをやめて、コンピューターをたたくだけだとしたら、私は反対です。

コンピューターの前で過ごす時間を、日にせいぜい二、三時間に限ってはどうでしょうか。皆さんが森で過ごす時間、自然の中で過ごす時間、ガーデニングをやって過ごす時間と、同じくらいの時間の範囲であれば、許しましょう（笑）。（岡山）

テクノロジーのために才能を犠牲にするのはもったいない。

問 インターネットというものが大部分の人たちにとって欠かせないツールになっています。今日のこの集まりも、インターネットなしには見つけることはできなかった。仕事でもプライベートでも、ますます使わざるえない状況です。「今、ここ」を生き、周囲の人たちと関係性をつくることが大切だとサティシュさんはおっしゃっていますが、ネットを通してのつながりは、本来の関係性とはちがうようにも思えます。今後、どのようにインターネットやSNSとつきあっていけばいいのか、ご意見をお訊かせください。

答 これもバランスの問題でしょう。他の関係性のあり方を犠牲にしない程度であれば、新しい技術による新しい関係性のつくり方を活用することは悪いことではないと思います。皆さんがここにフェイスブックを見て来てくださったのならば、それはそれですばらしいことですから（笑）。

でも、もしインターネットというテクノロジーのために、私たちが歩くことや料理すること、ガーデニング、友だちと過ごす時間、そしてコミュニケーションを犠牲にするとすれば、それはテクノロジーに支配されてしまっているということです。

インターネットに限りません。その他のハイテク技術によって、私たちが今までもってきた技を失い、技術をもたない人々になってしまうことが問題なのです。ますます、手足と道具を使って、芸術、工芸、農作業、音楽などをする人の数が少なくなってきていて、逆にコンピューターの前で時間を使う人が急増しています。

インターネットの効用は確かにあります。大事なことは、この効用をどこまで使うのか、同時に自分にとって重要なアートや技をどう磨き、どう保っていくか、そこにどれだけの時間を割くのか、を一人ひとりが自分の心の中で計ることです。

私もEメールを使っています。しかし週に三時間だけ、それも一日二時間までに限っています。それで十分です。こうやって旅をしている時は一切コンピューターをもち歩きませんし、何もしません。私にメールが来ると、「今は旅をしていますので、答えられません。帰ってきたら答えます」と自動返信されるようになっています。その意味では、私が主人で、私がコンピューターを使っている。コンピューターが私の主人となって、私を使っているわけではないのです。

私は創造性というものが大好きなんです。こうして皆さんを見ているだけで、皆さんが創造力に富んだアーティストだということがわかります。それなのに、自分がもっているはずのアーティストとしてのすばらしい可能性を犠牲にして、コンピューターをたたくことに時間を費やしているとしたら、それはなんともったいないことでしょう。私はアートが好きですけれど、それがほんの一部のエリートや特別な人たちのものに祭り上げられていて、誰もがもっている才能が忘れられているのが残念でなりません。

日本のすべての学校の生徒たち、若い人たちが科学技術を学ぶのも結構ですが、同時にアートを学んでいただきたい。イギリスの私の住んでいる村で、「スモール・スクール」という名前の中学校を始めるにあたって、私は生徒たちにまずこう言いました。

「もちろん君たちはシェイクスピアやダーウィンのことを学ぶことになる。けれども、その前に君たちが学ばなければならないのは料理だ。だって、腹を空かせたまま、ダーウィンやシェイクスピアを学ぶわけにはいかないだろう？　みんなが食べたがる。でも、誰も料理をしない。これは矛盾しているよね？」

食べたい人は料理を学ぶ、料理をすることによって食べることをいっそう楽しむこともできるのです。「スモール・スクール」にもコンピューターはあるし、みんなインターネットで学ぶこともします。しかし同時に、台所もあって、そこは子どもたちにとってなくてはならない教室です。他にも、ガーデニングや陶芸や木工も学びます。私はこういう姿をバランスと言っているんです。

これから巡礼に出かけるという人には、こうアドバイスをします。すべてを置いて行きなさい。巡礼は自分にとっての休息です。そこに一〇〇%「いる」、一〇〇%巡礼している、という自分でいてほしい。携帯電話は、もっていくとしても、緊急用だけにしてください。人生の一、二カ月という時間を、そのことだけに使うというのですから、どうぞその時を大切に、大切に使っていただきたい、と。

コンピューターなら、使おうと思えばいつだって使うことはできるけど、巡礼者として巡礼道を歩くということは、そうざらにあることではない。考えてみれば、毎日の暮らしも巡礼のようなもの、特別な、またとない時間の連なりです。それを大切にできず、何を大切にするのでしょう。私はテクノロジーとかハイテク技術に反対意見を述べているわけではありません。巡礼に対する、そして人生という名の巡礼に賛成意見を述べているのです。

（神奈川・鎌倉）

大震災の最大の教訓は、大自然を前にした謙虚さ。

問　福島の原発事故の後から母子避難をしています。一方で、私の友人の中には母子避難の後、地元へ戻った人、外国に移住した人もいます。子どもの安全を優先すべきか、夫も含めた家族一緒の生活を優先すべきか、迷いが生じることもあります。大震災とその後の変化をどう考えたらいいか、アドバイスをいただけたらと思います。

答　まずあなたの勇気に感謝したいと思います。そしてこの非常に困難な状況に立ち向かおうとしている姿に敬服いたします。あなたが一番よくわかっていらっしゃるように、あなたにとって何より重要な責任とは、自分自身を大事にすること、そして自分の家族、特に子どもたちを大事にすることです。そしてその上で、他の人々に向けて自分が学んだことを伝えることです。

その学びとはなんでしょう。それはまず、我々人間がつくり出すどんなものよりも、大自然は強大で偉大なものであるということです。この災害から学ぶべきは、自然の前に謙虚であるということです。

自然を人間の力でねじ伏せて支配しようとするのをやめて、自然との調和の中で生きていくのです。謙虚、そして自然との調和。この二つが大震災の最大の教訓です。

自然界の脅威の前には一歩二歩と下がって、畏怖の念を忘れず、注意深く生きる。科学技術によって自然をねじ伏せるという考え方から自由になる。これは日本ばかりの話ではありません、世界中の人々がこのことを、あの大震災と原発事故から学ばなければなりません。

（京都）

日の丸にふさわしい脱原発・太陽エネルギー中心の日本を。

問
３・11を経験しても日本は原発を続けようとしています。なんとか、原発のない日本にしたいと思うのですが、私たちに何ができるでしょうか。

答

私たちは、今日ここにみんなで学び、考えるために、そしてそれを少しでもここにいない人たちへと広めていくために集まっています。

この前の選挙の結果、日本国民は原発推進派の政権をつくり出したわけです。しかし、がっかりしないで、こうあってほしいという一人ひとりの願いを深め、そして広めていくように行動していかなければなりません。

例えば日本の国旗は、太陽を描いた世界でも珍しい日の丸の旗ですね。その旗をもつ日本で、どうして太陽とその無限のエネルギーという恵みを無視して、原発などという愚かで野蛮な技術に走らなければいけないのでしょうか。無数の原発を建てたところで太陽のエネルギーの偉大さに到底かなうものではありません。

皆さんの住む家の一つひとつがこれからは太陽光による発電所になる。そういう時代がやってくると思います。そしてそれが太陽を国旗として掲げる日本にふさわしい未来だと思います。考えてみてください。あれほど複雑で危険な原子力発電をつくったり、あるいはロケットをとばしたりするその技術があるのに、自分のそれぞれの家で太陽光発電をすることができないわけがありませんよね。これだけの技術をもつ社会が、ふんだんに注がれる太陽のエネルギーによって暮らしていくことができないはずはありません。

想像してみてください、七十億人の人々の貪欲さを支えるために、いったいどれだけの原発をつくればいいというのでしょうか。そのために、いったいどれだけのウランが必要なのでしょう。ウランが枯渇した後、すでに建ててしまった何百もの原発は、そしてすでに生み出してしまった放射性廃棄物は、いったいどうなるのでしょうか。

これらのことに、安倍首相は答える責任があります。太陽はちゃんとそこにあります。明日もまたそこにあります。そして風もここに吹いています。そして豊かな水のエネルギーもここにあるのです。私たちの目の前にまで溢れているこの恵みを無視して、どうして私たちはウランを求めて、カナダやオーストラリアに行ったり、石油をもとめて中東まで出かけていく必要があるというのでしょうか。

（京都）

自然との対立から、自然との調和への大転換。

問　東日本大震災から私たち日本人が学ぶべきことはなんだと思いますか。

答　あの大震災のような悲劇は、私たちに大きな教訓を残してくれました。もしも私たちが賢い人間であれば、この教訓を学ぶはずです。しかし、もしも傲慢で愚かな人間であれば、その教訓を無視し、ここから何も学ばずにすませてしまうでしょう。

自然界は人間によって征服されたり、コントロールされるものではありません。どんなに優れた科学だろうと、最先端の技術だろうと、その偉大さにおいて自然には到底かなわないのです。

単純なことです。津波のことを考えれば、海のすぐそばに家を建てないで、少し離れたもう少し高い場所に住めばいいだけの話ではありませんか？　気候変動を引き起こすような環境破壊のことを考えれば、強固な砦のような家を建てる代わりに、木や竹や土といった自然素材でできた伝統を活かした、環境に負荷の少ない家を建てるべきです。

そして原子力発電所についてはこう考えるべきだと思います。原発さん、今までありがとう。もっと安全だと思ったけど、そうでもないみたいですね。ご苦労さまでした。さようなら。

日本の国旗は太陽を表していますね。国旗に原発は描かれていませんね。この、太陽の力のお陰で生きていけるのだという、この基本に戻っていくべきではないでしょうか。

つまり、教訓とは、自然を征服し対立するのではなく、自然と一体となって調和していくという大転換を意味するのです。それが本来の日本のあり方を取り戻すということです。

しかしなお自然を敵視し続け、自然をコントロールし、征服することができると考え続けるならば、3・11からは何一つ学ばなかったということになります。

（名古屋）

暗闇を呪うより、一本のロウソクを灯そう。

問

福島の原発事故で日本の大地は汚されてしまいました。サティシュさんは農的な暮らしや地産地消を勧められていますが、今の汚れてしまった日本で、今後そうした生き方に希望がもてるのか、無力感を感じてしまうのです。福島の農業を支援したいと思う一方、汚染の危険性を思うと、被災地の作物をなかなか買う気にはなれません。ネガティブではなくポジティブに生きたいけれども、放射能の恐ろしさを無視するわけにもいかない。サティシュさんはこんな日本の現状をどのようにお考えか、お訊きしたいと思います。

答

時に、天地は私たちに大いなる困難を与えます。あなたの心配、悩みに深く共感いたします。3・11が起こった時、私の心は泣いていました。わたしは日本にもう十回も来ています。日本を深く愛しています。だから今日本の皆さんが抱えている問題の深刻さを思って、心を痛めています。

しかし、私たちは、今、自分がいるところにしかいられないのです。ですからこう考えるしかありません。「この悲劇から私たちは何を学ぶことができるのか」と。

本当の意味での福島への支援は、汚染の危険のあるものを買って子どもに与えることではないはずです。福島の人たちの苦しみに応えるには、その他の地域で、もう二度とああした事故を引き起こさないよう、全力を挙げて取り組むことではないでしょうか。

あなたは大地の汚染のことを言われましたが、問題は原発による放射能汚染ばかりではありません。農薬、化学肥料、遺伝子組み換え作物、プラスチックゴミなどによる汚染もまた、人類の、そしてすべての生きものの未来を危うくしているのです。福島の教訓に学んで、今こそ私たちは決意すべきなのです。自然界を汚し、損なうことを止めようと。

あなたが語られた日本の苦難に共感します。しかし、もしそれにこだわって、自分の心が否定的になっていけばいくほど、私たちは無力になっていきます。ですから、どんな困難な状況の中でも希望はある、ということを忘れないでいただきたい。

ネルソン・マンデラ（◆）は二十七年間も獄中にいましたが、決して諦めなかった。ア

◆ネルソン・マンデラ（一九一八－二〇一三）　南アフリカ共和国第八代大統領。南アフリカの白人による差別政策「アパルトヘイト」の反対運動に従事、二十七年間の獄中生活を強いられながら非暴力による和解を訴え、この撤廃を実現。一九九三年、ノーベル平和賞受賞。

ウンサンスーチー（◆）は十六年間も軟禁状態にありましたが、希望を捨てなかった。

ですから私たちも、暗闇を呪うより一本のロウソクを灯しましょう。どんなに小さくても、どんなにささやかでも構わない。何かをしてください。それで十分です。なぜなら、どんなに小さく見えても、それは一粒の種なのですから。種ははじめから大きくなくていいのです。どんなに小さくてもしまいには大きな大木になるのです。

同じように、あなたの小さな行動がいつかきっと大きな力をもつはずです。だからどうか悲観的にならないでください。悲観的になってしまいそうな自分をなんとか励ましてください。そして、あなたが小さな行動を起こすように、ここにいるすべての人が行動を起こすなら、それがつながって大きな力になる。必ずなります。皆さんは、明日のリーダーです。誰かがこの日本を救ってくれるのを待っていてはいけません。皆さんが日本を救うのです。そして、一切の汚染から自由な日本が欲しい、それを実現したい、実現できる、と思ってください。私に言えることはたったそれだけのことです。

（東京・白金）

好きなことにも嫌いなことにも、必ず隠された意味がある。

問　私は故郷の福島県郡山市で被災し、その後福岡に避難してきました。最初は夫も一緒でしたが、原発事故や放射能に関して意見が合わず、結局離婚しました。赤の他人である男性と結婚して一緒に暮らすだけでも大変なのに、決定的なちがいを乗り越えて、なお理解し合い、一緒に生きていくということが果たして可能だったのでしょうか。

答　おっしゃる通り、人生は順風満帆というわけにはいきません。アップダウン、上り下りがあるのが人生というものでしょう。しかしよいことがあっても悪いことがあっても、好きなことがあっても、嫌いなことがあっても、必ずその裏には隠された意味というものがあるはずです。例え嫌なことであっても、その陰にはとても重要な意味が潜んでいる。離婚という人生の危機をあなたは経験されたわけですが、危機というものは、

◆アウンサンスーチー（一九四五－）　ミャンマーの非暴力民主化運動の指導者。イギリスからの独立を指揮したアウンサン将軍の長女。一九八九年から二〇一〇年まで、軍事政権から断続的に自宅軟禁下に置かれた後、政治活動を再開。一九九一年、ノーベル平和賞受賞。

それを経験する人にとっては同時に、創造性を発揮する一つのチャンスなのです。それは解決を自分の中に見出すための機会であるというふうに考えていただきたい。

「危機」という漢字は、危険な「危」と機会の「機」だそうですね。英語のクライシスの語源も同じような意味をもっている。ですから、困難が来た時に、「どうして私にだけこんな不幸なことが起こるのか」と嘆き、悲観する代わりに、その否定的なエネルギーをもっと肯定的なエネルギーへと転換し、クリエイティブな自分へと脱皮していく好機として捉え直してほしいのです。（福岡）

母親であること以上に、偉大な仕事はない。

問　今の私には大事なことが三つあって、それは家事と子育てと脱原発活動です。そのどれもが生きる上で大切なもので、私にとっては欠かすことのできないものです。でも、その一つひとつに集中して懸命にやろうと思っていても、なぜかいつも不完全燃焼に終わってしまうのです。毎日、今日は十分子どもの相手をしてあげられなかったなとか、ご飯をちゃんと用意できなかったなとか、活動の方が不十分だったなとか…、どれも中途半端になっている気がして、そのことにストレスを感じてしまう。そのことをすごく悩んでいます。どういうふうにバランスをとることができるのか、サティシュさんに教えていただきたいのですが。

答　大事な、すばらしい質問ですね。誰の人生にとっても母の教えほど大切なものはないでしょう。私は七十六歳ですが、これまでに本当に多くの方と出会い、貴重な教えをいただいてきました。マーチン・ルーサー・キング牧師（◆）から、ビノーバ・バーベから、バートランド・ラッセルから、藤井日達上人から…、数えればキリがありません。しかしです。どの方からの教えも、母の教えには及びません。

ですから、あなたにはぜひ何よりも、母親でいてほしいのです。母親であること以上に、偉大な仕事はありません。子どもを育てて、その子どもを社会の中へと送り出していくこ

◆マーチン・ルーサー・キング牧師（一九二九－一九六八）　アメリカの非暴力黒人解放運動、公民権運動の指導者。一九六三年の演説「I Have a Dream」は広く共感を呼び、翌年、公民権法が制定。同年ノーベル平和賞を受賞。暴漢の凶弾に倒れ世を去った。

とは、もうすでに社会への参画であり、社会への最も偉大な貢献なのです。つまり、子育て自体がもう社会運動なんです。運動というのがそれと別にあるわけではないのです。あなたは三つの大事なことの一つに家事をあげましたが、家事もまた子どもを育てるための仕事だと思ってほしい。家事と子育てが別々にあるわけではないのです。そしてもう一つの脱原発運動ですが、これもとても大事なのですが、なんのための運動かといえば、これも結局は自分の子どもたちが平和に安全に幸せに暮らしていける世の中をつくるためです。だからこれもまた「母親である」ということの一部なんです。社会活動をする、社会変革運動に関わる、というのは、とどのつまりは子どものためです。

私たちの社会は、子どもたちがこれから未来へと生きていくのに、不都合なことばかりをつくり出しています。原発で様々な問題を引き起こし、自然環境を破壊し、社会に様々な混乱を起こし、そして気候変動までつくり出してしまっています。こんな社会をそのまま、子どもたちに引き渡すのは無責任ですよね。

あなたの三つの大切なことの間にもし矛盾を感じた時は、常に子どもを真ん中においてみてください。

（福岡）

未来の世代にとって公正であるかどうかが問われている。

問　私はフェアトレード推進の活動をしておりますが、サティシュさんはフェアトレードについてどう思われますか。

答　まず、フェアトレードの活動に参加している皆さんに拍手を送りたいと思います。皆さん、まず、こう考えてください。買い物をしにいく時に私たちは〝力〟を行使しているわけです。その力とは、「選択」という力です。途上国の安価な労働――時には奴隷労働――によってつくられたものを買ってすませることもできます。一方、世の中をより公正な場所にしていくことを手助けするお金の使い方もある。その商品が何によってつくられているかも重要です。それがオーガニックであるか、そしてそれが自然素材のようなよい材料でつくられているか、長持ちするものであるかどうか…。

要するに、自分にとって、生産者にとって、社会にとって、自然環境にとって、さらに未来の世代にとって公正であるかどうか、が消費者としての私たち一人ひとりに問われているわけです。可能なかぎり公正な方を選ぼう、必要なら不公正な仕組みそのものを自分たちの力で変えていこう、というのがフェアトレードの考え方です。

つまり、フェアトレードの商品を買うという行為自体が、すでに社会運動であり、社会変革なのです。私がいつも引用するガンディーの言葉、「ビー・ザ・チェンジ」、自分自身が変革を体現するということの実践です。

フェアトレードは非常に広い意味をもっています。それは、食べ物であればオーガニックであるということを意味するでしょう。外国から来たものだけがフェアトレードだと思わないでください。またその交易が、海外の生産者にとって公正であるだけではなく、日本の地元のローカルな産業と調和するものであるかどうか、も考慮しなければなりません。都会と田舎のやりとりもフェアトレードの一種です。

（名古屋）

「ビー・ザ・チェンジ」——自分からまず変わる。

問 東日本大震災以後、日本はよい方向に転換できると期待したのですが、どうも政治の世界を見ると、相変わらずの経済優先で、どこを見ても本当のビジョンをもったリーダーがいません。どうしたら日本はよりよい方向に向かっていけるのでしょうか。

答 おっしゃる通り、政界や経済界のリーダーたちは、いまだに経済成長最優先という考え方から抜け出すことができないでいます。これは執着であり、一種の依存症と言ってもいいでしょう。アルコール依存症の人が、もう十分飲んでいるのに、まだ欲しいという気持ちを捨てられないのと似ています。ですから、彼らは依存症患者だと思って、同情してあげてください。哀れみと慈悲の心をもって見てあげてください。

と同時に、本当のリーダーシップというものを彼らに期待するのをやめていただきたい。本当のリーダーシップとは、草の根から育ってくるものです。この教室を埋め尽くしている皆さん一人ひとりがリーダーなのです。リーダー、つまり新しい社会をつくり出していく主人公なのです。決して日本の首相がリーダーなのではありません。草の根からの大きな変化が起きて初めて、依存症患者である政治家たちもまた変わることができるのです。変わらなかったらもう投票してもらえないし、応援もしてもらえなくなるのですから。

というわけで、救世主が現れて、日本をよい方向へ向けてくれるとか、私たちの代わりに難問を解決してくれるとか、期待するのはやめましょう。待つ必要はありません。自分たちからまず変わる。まさにガンディーが言った「ビー・ザ・チェンジ」という言葉です。「世界がこんなふうになったらいいなと思うその変化にあなた自身がなれ」

「自分自身が変化を体現する」というこの変化は、どこから始まるかと言えば、私は食卓からだと思っています。食卓をよく見てください。ご飯が、味噌汁が、そして野菜が、いったいどこからやってきて、どのように料理されているのかということに思いを馳せてください。活動家とは特別な人たちではないのです。食べ物を食べる人は、誰でも同時に社会変革者でありうるのです。国産の食べ物を選んで食べる、ということの小さな行為が社会を変革している。地域の、しかもオーガニックの食材を選べば、それも社会変革です。

さらにTPP（◆）にNOと言えたらもう立派な活動家です。日本でTPPを推進する政治家はこう言いそうですね。TPPに参加すればGDPが三兆円増加する。しかし一方では三兆円分の農業が失われる。これはどういう計算でしょう。食べ物は失うけれど、その分お金が稼げるだろう、と。彼らは、いざとなったらお金を食べるつもりでしょうか。

私たちが政治にフラストレーションを感じたり失望したりするのは、外に期待するからこそです。自分が変わる、自分から変わっていく、と思えたら、フラストレーションではなく、インスピレーションを得ることができるでしょう。

（東京・白金）

「できない」からではなく、「できることがある」から歩み出す。

問

サティシュさんからの学びを、職場の人や、周りの人にうまく伝えることができません。けれども、そういう人たちが変わらなければ、世界はなかなか変わらない。経済成長を追い求める社会を変えるには、どうしたらいいでしょうか。

◆TPP（Trans-Pacific Partnership）　環太平洋地域の国々による貿易自由化推進のための経済連携協定。加盟国間で自由に人材や商品を行き来するための仕組みの統一や貿易の関税撤廃を目指すもの。多国籍企業保護の条項が含まれるなど懸念すべき点が多い。

答

世界は一枚岩ではありません。世界はたくさんの現実《リアリティ》の集合です。そのどこかに自分がいるわけです。どこにいるにしても、この世界全体を見渡せるような窓を見出していただきたい。

小さないろいろな部分が集まって成り立っている世界を、まるで巨大な一枚のプレートのようなものだと考えてしまうと、それに圧倒されてしまいます。「現実は重い、これではなかなか変えられない」と思ってしまうわけです。この思いこそが、実は私たちの前に立ちはだかる障害物なのです。そういう思いを抱く代わりに、「自分にはできることがある」という思いから出発することが大切です。

あなたが言われた職場のことですが、そのあなたの職場に鉢植えの植物を置いてみる。まずはそんな小さな変化でもいいのです。例えば、職場でコーヒーを毎日飲むのであれば、そこにフェアトレードのコーヒーをもちこんで、小さな変化をつくることができるかもしれない。もっと大きな変化として、現在の週五日制を四日半にすることができないか提案してみる。そして、減らした半日に、何か社会にとって意味のあることをみんなでしませんか、と。

「できない」というところから出発したら、できません。それに対して、「できることがある」というところから歩むのです。とにかくそこから始めましょう。「できない」というところから始めると、結局どこにも行きつくことはできません。

かつての世界では大英帝国が君臨し、その強大さは「大英帝国の日が沈むことはない」と言われたほどでした。しかし、大英帝国はもうどこにもありません。この大きな変化はどのように起こったのでしょうか。それは人々が、「こんなに強大な帝国を前にして、できることは何もない」と思う代わりに、「自分たちにできることがある」と思ったからです。インドでは、何千という人がそのために監獄につながれなければならなかったのです。

勇気をもってください。それが職場であろうと、政治の世界であろうとも、です。「自分にできることがある」というところから出発するより、「これは大変だ」「これは無理だ」というふうに諦める方が、確かに安易な道です。でも、安易な道筋の先には、どんな変化も起きません。

あの小さなアリだって、少しずつ、少しずつ、みんなで積み上げていってあんなに大きな蟻塚をつくるじゃないですか。人間はアリよりもさらに大きな変化をつくれるはずです。よりよいものへと世界をつくり変えることはできるのです。

（神奈川・鎌倉）

手遅れではない。あなたが始める時、それが旅の始まり。

問

日本は資本主義経済の中にズブズブに浸かって生活している人がほとんどではないかと思うんです。例えば、ぼくも少し前まで企業に勤めていて、その給料がないと家族を養えないとか、子どもを育てられないとか、家のローンも払えないとか…。この先どうやって経済を縮小していくか、また個人的にはどのようにスムーズにシステムから離脱していくのか…、そこがわからない人が大多数だと思うんですね。恐怖があって踏み出せない、というのが正直なところだと思うのです。アドバイスをお願いします。

答

あなたがおっしゃられた資本主義経済ですが、まだ歴史の浅いものにすぎません。せいぜい、ここ百五十年か二百年のことです。地球的な時間で言えば、瞬きにも等しい、ほんの一瞬にすぎません。偉大と言われた数々の文明が、生まれては滅びていきました。ローマ帝国も、イギリス帝国も、生まれてきては死んでいったんです。とすれば、物質主義、資本主義、グローバリズムといった一見強大に見えるものについても、そんなに深刻に悩む必要はないのです。なぜなら、それらもやがて滅んでいくはずです。歴史上幾度も繰り返されてきたことですから。大事なのは自分の心です。自分の心に忠実であることです。

そして、どうか急がないでください。明日突然、理想的な世の中が出現するとか、理想的な暮らしが実現できるとか、そういうわけにもいかないのです。これは一種の旅だと考えてください。つまりこの資本主義的で、物質主義的な世界から、本当の意味で持続的な、平和な、エコロジカルな世界へ向けての旅が始まるんだ、と。その旅を明日始めるんだ、そういうふうに考えてください。

まず第一のステップが自分のマインド（考え）を変えること。その次がハート（心）を変えること。そして次は暮らしそのものを変えることです。いいですか、皆さん、明日から旅が始まりますよ。明日、少し自分が変わる、その次の日にはまたもう少し変わる。

自分をどうか責めないでください。「一〇〇％の変化を実現できないでいる駄目な自分」などと、自分を責めてはいけない。私は昔、二年半をかけて徒歩で平和巡礼をしました。八千マイル（約一万三千キロ）の道を歩きましたが、その旅だって一歩一歩だった。いっぺんに十歩跳んだりすることはできません。一歩ずつ歩くしかないのです。同じように、あなたの旅もまた一歩一歩です。遅くも速くもない。それがちょうどいい速度なのです。また、明日やっと旅を始めるのは手遅れではないか、と心配する必要もありません。あなたが旅を始める時、始めようと思った時、その時が始まりなのです。

（東京・渋谷）

人々の幸せで平和な「今」を実現する政治を。

問　自分は政治に関わる仕事をしていますが、政治とは「今、ここ」を生きるとは対極にあるような世界です。ある目標を提示し、よい結果を出すための筋道を示す、政治には結果がすべてという面が根強いわけです。そんな政治に対して、サティシュさんはどうお考えでしょうか。また私たちは政治にどう関わればいいのでしょうか。

答　今の政治の世界は確かに結果がすべてです。だからこそ、あんなに陰鬱《いんうつ》で、嫌な世界なのだと思います。そんな政治のあり方を根本的に変えていかなければならないのではないでしょうか。

本来の政治とはどんなものでしょう。一割くらいは将来の計画であっても、九割は現在についてのものであるべきではないでしょうか。今、人々が幸せに、平和に暮らすことができることを実現する。そのことが、将来の人々の幸せにも結果としてつながる、それが政治のあるべき姿だと思います。「明日になれば…をあげよう」という政治から、「今、人々が幸せであるということに、政治のすべてをかける」政治に転換すべきです。

第一、政治家も政党も、選挙の時には、公約とか、約束事をたくさんするけれども、ほとんどの場合は実現しませんよね。例えば、今のイギリスのデーヴィッド・キャメロン首相の選挙のスローガンは、「ブルー（保守党の色）に投票してグリーンを得よう」だったのですが、首相になってから何一つ環境によいことをやっていない。もし、よい政治家でありたいと思い、そしてよい環境政治家であろうと思うなら、「いつか」ではなく、「今」こそ全力を傾けてグリーンな政治を実現しなければならない。

「今を生きる」のです。それなしに未来はないのです。あなたも政治に関わられるのなら、そうした従来の〝政治文化〟から解き放たれてください。

（神奈川・鎌倉）

大文字の政治から、小文字の政治へ。

問

政治の世界にいると、ほとんどの議論が経済成長という方向でしかなされていません。福祉のこと、地域自治のこと、循環型経済のことなどはマイナーなテーマとしてほとんど相手にされない。その中で、なかなかよい結果が出せず、どうしても焦ってしまうのです。結果ではない、とは思うのですが…。

答

確かに政治の世界で、あなたの考えは非常に孤立しているように見えます。しかし、あなたが政治家であることの意味を思い出してください。あなたにとっての政治は、政治の主流を占めている人たちを変えることではなく、草の根の民衆と直接つながって行動を起こしていくこと、であるはずです。

マハトマ・ガンディーも、ネルソン・マンデラもアウンサンスーチーもそうでした。あなたの政治を、ぜひ草の根の市民とのつながりからつくり上げてください。メディアで有名になろうとか、政治の世界の中で多数派になろうとか考えない。そういうことは、放っておいても民衆が立ち上がって行動すれば、結果としてついてくることです。そしてそうなれば、自然に今の政治体制は崩れ落ちます。

英語で、「Power Politics（権力政治）」の二つの「P」は大文字です。「Party Politics（政党政治）」の方も両方大文字のPで書かれます。

それに対して、私たちの「people politics（民衆政治）」の方は、「people（人民、民衆）」も「politics（政治）」も小文字の「p」で始まります。小文字の政治はエコの政治、一方の大文字の政治はエゴな政治。ぜひ、その小文字の政治でいこうではありませんか。

政党政治というのは、政治家が選挙によって民衆に力を与えられて強くなる、という話です。本当の意味の政治とは、そういうものではなくて、政治家が市民を力づけ、民衆の中にある潜在的な力を引き出すお手伝いをする。それが本来の政治というものではないでしょうか。

（神奈川・鎌倉）

ブッダやキリストのように理想を高々と掲げよう。

問

企業に働きながら、様々な矛盾を感じ疑問を抱くのですが、家族を養うためにはやはり、寝る時間を削って働いている自分がいます。一方で、一緒に暮らす大切なパートナーと価値観がちがうことにも悩んでいます。どうやって折り合いをつけていったらいいのでしょうか。

答

よく言われる言い方がありますね。「そうはいっても現実は…」というあれです。その言い方を聞いたら、その「現実」という言葉について考えてみてください。その「現実」なるものに忠実に「現実的」に考え行動することで、いったいどれだけ立派なことが達成されたのでしょうか。いつも「そうはいっても現実は…」と言ってきた、いわゆる「現実主義者」たちがつくり出したものこそ戦争ではありませんか。そして環境破壊、気候変動、その他現代世界が抱えている極めて深刻な問題の数々は、みんなその「現実的」な態度が生み出したものではないでしょうか。

反対に、理想を高々と掲げて、世の中がこうなればいい、こういう社会をつくろうと言ってきた人たちは、それぞれの時代に、「非現実的」な「理想主義者」として、無視されたり、笑いものにされたりしてきたのです。ブッダも、キリストも、そうです。しかし私たちは、いまだにそういう人たちを偉人として記憶し、尊敬しています。「現実主義者」の政治家や王や軍人など、世界を支配したような人たちのことは忘れても、理想に向かって人々を導いた人たちのことを、私たちはいまだに忘れずにいるのです。

現実主義者たちはさんざん時間を使って、その結果世界をこんなひどい状態にしてしまったわけです。ですからもうそろそろ彼らには退場してもらって、非現実的だと言われてきた人々にチャンスを、そして、リーダーシップを与える時だと思います。

質問の後半はそう単純ではありません。やはり、理想と現実の対立の問題なのですが、しかし、その対立が、愛し合うはずのカップルの間に起こっている、というのですから。

これについて私に言えることは、理想と現実のどちらが勝つにしても、片方が相手に勝つ力が愛の力であると信じたい、ということです。高い理想をもつあなたが、相手に勝とうと思ったら、やっぱり愛の力によってである、ということ、それが肝心なところです。

あなたが愛情に満ちたすばらしいコミュニケーションの力を磨いて、相手の現実主義を徐々にあきらめさせ、相手を屈服させていく。これしか道筋はありません。あなたとパートナーとが愛の力で、いつか、理想を現実とすることができるように期待しています。（京都）

幸せはどこか遠い所ではなく、すぐ近くに。

問　多くの深刻な問題を抱えたこの厳しい現実の中、なかなか明るい未来を描くことができません。その未来を生きていく子どもたちに、ひとりの母親として何を伝えていけばよいのでしょうか。

答　子どもたちにはぜひ、未来は明るいと言ってあげてください。しかし同時に、その明るい未来をあなたたちがつくっていくのだ、と。どんな暗闇の中にあっても、その暗闇を呪っているだけでは何もなりません。あなたはロウソクを灯すことができるということを伝えてあげてください。

決して一人ひとりの力を過小評価しないでください。あなた自身も、そして子どもたちも。各人がもっているとてつもなく大きな可能性を信じていただきたい。そして、暗闇でもロウソクを灯して、誰もが明るい未来をもたらす力になれるということを。悲観主義の泥沼の中にはまりこまないようにお願いします。むしろ楽天的で、楽観的な海を泳いでください。そして子どもたちにその明るいメッセージを伝えてください。あなたのお子さんはお釈迦さまにもなりうる子どもです。ガンディーにもなりうる。どうして我々に、この子の才能はこの程度だ、などと決めることができるでしょうか。子どもたちは無限の可能性をもっている。それを信じてください。それが親としてできる最も大切なことです。逆に、子どもの可能性を信じないで、その子どもを途中でおしとどめてしまうことこそ、親がしてはいけない最大の過ちだと思います。

この宇宙全体がもっている可能性、そしてこの地球という生きている惑星がもっている可能性はあまりにも巨大なものです。それは、たまたまこの時代に権力をもった一部の支配的な人たちが描こうとしているような、そんなちっぽけな未来ではないのです。そこには無限の可能性がある。そこに賭けるのです。希望を決して捨てないでください。

インドのカビール（◆）というすばらしい詩人がこんな詩を詠《よ》みました。森に棲む鹿は、いい香りに誘われて、その香りが来る方向に向かって走ります。あっちだと思って走ると、今度はこっちから匂いがする。こっちへと走るとあっちの方からもしてくる。鹿はそうして必死に走り回ります。そしてしまいには疲れ果てて倒れてしまいます。そして体をまるめた時、やっと鹿は気づくのです。このすばらしい香りはなんと自分のお腹から出ているムスク（じゃ香）（◆）の香りだった、と。

カビールが言おうとしたのは、我々は幸せを求めて、いつも遠くばかり見ているということです。あのコンピューターがほしい、あの車がほしい、経済成長の先にしか幸せはない、と。でも、本当の幸せは自分の心の中に、そして日本風に言えば、自分の腹の中にある。カビールはこう言っています。一人ひとりは幸せになるために、そして幸せになる権利をもって生まれてくる。他の人にその権利を奪わせてはならない。誰か他の人に幸せにしてもらうのではなく、一人ひとりが幸せになるべくしてなる、それが人生だ、と。

カビールはこうも言っています。人を助けることはよいことだ。しかし他の人たちに自分を幸せにしろと命じることはできない。あなたの夫に、親に、子どもに、「私を幸せにしてください」と言うのではなく、自分自身の内に幸せがあるということを発見しなさい、と。

（福井・高浜）

単なる消費者から、創造的な存在へと生まれ変わる。

問　日本は今新しい方向へと転換しなければいけないと思うのですが、自分自身が地方に住んで、仕事をしながら、その転換を暮らしの中で実現していくことに自信がもてません。アドバイスをいただきたいのですが。

答　たった一つの正しい道があるのではなくて、いろんな道があると思うのです。例えば、それぞれの地方がもっていたすばらしいことがあると思いますが、それが失われているとすれば、どうやってそれをとり戻していくか、です。そのために自分自身ができることはなんだろうというふうに考えてください。

これまで地方では、大企業を誘致して、それに頼って生きようとする傾向が強かったと

◆カビール（一四四〇－一五一八頃）　インドの宗教家・詩人。神は田畑や工房、家庭、または心の中にいると説き、偶像崇拝や、儀式、聖典を否定、生涯織工を通した。ガンディーなど、後のインド思想に大きな影響を与えた。

◆ムスク（じゃ香）　ジャコウジカの雄の腹部にあるジャコウ腺から得られる分泌物。フェロモンの一種と言われる。

思います。そういう大企業は、自分たちがつくるものがどんなにすばらしいかということを宣伝する大きな力をもっていますよね。それによって多大な効果を人々に及ぼしてきたわけですけれども、その点どうでしょうか、地方に暮らし、第一次産業で仕事をする、手を使った仕事をする人たちも、もう少し宣伝上手になった方がいいのではないでしょうか。宣伝と言っても大げさなことではありません。自分たちの生き方に誇りを感じている、こんな楽しさを感じている、自分たちの仕事はこんなにすばらしいんだ、といったことを、もっともっと堂々と言っていただきたい。もう少し勇気を出して、ここにこんな生き方が、こんな立派な仕事があるんだということを、外に向けて発信するのです。

私たちの自信のなさはどこから来たのかといえば、それは、私たちがこれまで、単なる消費者であると信じこまされてきた、ということだと思います。そこまで私たちの自己イメージは貶《おとし》められてしまっているのです。もう一度思い出しましょう。人間とは手をもった存在だということを。そして、想像力、そして創造性をもって、いろんなすばらしいことを考えたり、ものをつくり出す存在だということを。メーカー（作り手）と言えば、今では企業のことを思い浮かべますが、元来は、私たち一人ひとりのことなのです。私たち一人ひとりが特別なメーカーである。このことを思い出してください。

（福井・高浜）

日本人の役割は、自分に、日本の自然や文化に、忠実であること。

問　日本人が世界に対して果たすべき役割とはどういうものだとお考えですか。

答　日本人の役割は、第一に、自分自身に忠実であることです。日本の自然に、文化に、忠実であるということです。自分自身に忠実であればこそ、世界で重要な役割を果たすことができるでしょう。

世界中から、日本に興味をもつ人々がやってきますね。わたしもそのひとりです。それは日本の自然と文化を学び、楽しみにやってくるんです。ホテルより旅館に泊まりたいのです。ご飯をお茶碗からお箸でいただくのを経験したいわけです。

皆さんの故郷である日本という土地とその文化にもっと自信をもってください。自分自身が何者であるかを見失った時には、もう世界で果たせる役割はありません。自分が何者かを知った上で、世界の人たちと自由に文化的な交流をしてください。

インド人の私たちはクロサワ（黒澤明）が大好きです。多くの人々が芭蕉を尊敬しています。日本の皆さんも、インドのレイ（◆）の映画やタゴール（◆）の詩を楽しむことができる。こういう文化の分かち合い、美や価値観の分かち合いには大きな意味がありますそしてそこにこそ、個々の文化が世界で果たせる役割があると思います。
というわけで、自分自身に忠実であること、これが世界での日本の役割だと思います。

（東京・白金）

すべての人間はそれぞれ特別で偉大な存在。

問

私は今大学二年生なのですが、将来、日本のため、世の中のためにどういう役割を担うべきか、またそのために大学で何をどう学ぶべきか、悩んでいます。アドバイスをいただきたいのですが。

答

まず、自分を冒険家だと思ってください。そして、簡単で安易な道を歩まないと考えてください。「私は若い、だからちょっとのリスクは背負っていける」と。

次に、大学にいるうちから、手を使って何かをつくり出すということを学んでください。例えば明治学院大学戸塚キャンパスの隣にある公園には田んぼがあります。その大学で教えている私の友人、辻信一さんは、その田んぼで毎年、ゼミの学生たちとすべて手作業で米作りをしています。そういう学びの場を見つけてください。休みの日には、自然の中を歩いてください。同時に、本を通じて、メディアを通じて、「スモール・イズ・ビューティフル（小さいことはすばらしい）」という思想を学び始めてください。そうやって、大学で教えられるよりももっともっと多くのことを、もっともっと深く学んでほしいのです。

そして旅をしてください。大学にいる時はもちろん、大学を出てからでもいいです。い

◆サタジット・レイ（一九二一－一九九二）　インドの映画監督、作家。一九五五年の初監督作品『大地のうた』が、翌年のカンヌ国際映画祭人間的ドキュメント賞を受賞、一躍その名を世界的なものにした。

◆ラビンドラナート・タゴール（一八六一－一九四一）　詩人、思想家。近代インド最高の詩人と言われ、インド国歌の作詞作曲者としても名高い。一九一三年、詩集『ギタンジャリ（歌の捧げもの）』で、アジア人としてはじめてノーベル文学賞を受賞。教育にも力を注ぎ、後の国立大学を設立した。ガンディーにマハトマ（偉大なる魂）の尊称を贈ったとされている。

ろいろな経験をしてください。農場でインターンをしてみてください。これらは皆一種の修行なのだと考えるのです。自分自身をしなやかで柔軟で強い人間にしていくための修練を積んでください。

あなたには非常に大きな可能性があります。その可能性を追求してください。あなただけではなく、すべての人が偉大な可能性をもっている。マーチン・ルーサー・キングになる可能性、ガンディーになる可能性、マザー・テレサになる可能性をも、誰もがもっています。しかし社会は往々にして、その一人ひとりを無力で無能な存在として軽視したり、無視したりする。そしてその否定的なイメージを押しつけ、権力をもつ者に依存させせようとするのです。

すべての人間がそれぞれ、特別な、偉大な存在なのです。あなたはそれを自分の中に見つけるのです。そしてそのあなたの可能性が発揮された時、発揚された時、あなたの人生はすばらしいものになります。「すばらしい人生」といっても、何も有名になるとか、権力をもつとか、そういうことではありません。テレビに出るとか、あるいは新聞に写真が出るとか、そういうことでもありません。成功よりは幸せを、そして自分の心の充足を求めてください。

毎日、自分にこう問うてみるのです。「私はいったい誰なの？」と。私というのは単にこの身体ではない。私の名前が私ではない。私の学歴が私ではない。私の国籍が私なのではありません。私は、そしてあなたは、それよりもはるかに大きな存在なんです。勇気をもってください。勇気をもってあなた自身の生を生きてください。

（東京・白金）

世界は本当に変えられる。

問　サティシュさん、本当に世界は変えられると思いますか。

答　ここでは手短かに、たった三つの言葉で答えましょう。その答えとは、「イエス、イエス、そしてもう一つ、イエス！」

（京都）

ナマケモノ倶楽部 主催

ビー・ザ・チェンジ ツアー！ 2013

3.30 京都
龍谷大学アヴァンティホール

31 福井・高浜
青葉山青少年旅行村

4. 1 岡山
岡山国際交流センター

2 岡山・高梁
「百姓屋敷 わら」ドームハウス

福岡
アミカス福岡

3 名古屋
南生協病院

4 東京・渋谷
デイライトキッチン

5 東京・白金
明治学院大学白金キャンパス

6 神奈川・鎌倉
旅館・きよこ

後記

二〇一三年春、サティシュ・クマールはＮＧＯ「ナマケモノ倶楽部」の招きで来日し、〝ビー・ザ・チェンジ〟と銘うったツアーで各地を回った。本書は、各地での講演やセミナーなどに際して行われた質疑応答だけをまとめて一冊にしたものである。

なぜ、質疑応答だけなのか？　ぼくはこのツアーを含め、これまで、サティシュが日本で行ったトークの多くを通訳させていただいたが、そのほとんどの場合、〝メインイベント〟は、講演そのものより、その後に来る質疑応答の方だとぼくには思えた。もちろん、講演もすばらしいのだが、質問に答える時のサティシュには、何か、他の時にはない、不思議なパワーが宿っているように感じられるのだ。

サティシュ自身も、不特定多数の聴衆に向けて一方的に話すよりも、問いを受けてそれに答える〝問答〟の形を好んでいるようだ。前もって設定されたテーマで話すよりも、いきなり突きつけられたテーマにその場で応じる方が楽しいらしい。その気分が伝わるのだろう、聴衆にとっても、そして通訳者にとっても、彼の問答を取り巻く空気には、特別な歓びが溢れている。

サティシュ自身が好んで使う言葉で言えば、彼の問答は一種の〝アート〟なのである。その技能は、彼の故郷であるインドの文化の中で育まれ、やがて彼の第二の故郷であるイギリスの文化の中で花開いた。幼い頃からの彼にとって、学びはいつも文字や書物より、その場限りの会話や問答によるものだった。

本文にも出てくるように、サティシュにとってのバイブルは昔も今も『ガンディー自伝』だという。彼が敬愛するそのガンディーの著書の多くが、問答形式で書かれているのは決して偶然ではない。

やはり本文の中にあるように、サティシュによれば、コミュニケーションとは、元来「一緒に一つになる」ことを意味する。とすれば、問答とは、古代からインドに伝わる「ともに心を一つとする」アートなのである。

サティシュにとってのもう一つのバイブルはインドの聖典『バガヴァッド・ギーター』——これもまたアルジュナの問いに対するクリシュナ（聖バガヴァッド）の応答からなっている。「行為の結果に執着してはならない」、「行為の結果を動機としてはならない」というギーターの教えこそが、サティシュの、「今、ここを生きる」哲学の礎だ。彼は、苦しみや不幸の多くが、過去に執着したり、未来に傾倒したりする心の態度から来ていることを繰り返し語ってきたが、彼の問答好きもこれに関係している。

彼はある時、宗教について質問したぼくにこう答えたことがある。

「信仰は過去に属する。信頼は、今ここに属する。結婚だって、友人関係だって、過去に結ばれた契約を信じることではないはずだね。今ここにある関係への信頼であり、相手に対する信頼だ」

本書を単なる過去の記録としてではなく、サティシュとそこに集った人々が生きた「今、ここ」を、追体験するために役立てていただきたい。そして、その場の空気に満ちていたのが、偉大なる指導者への「信仰」ではなく、温かく穏やかな「信頼」であったことを感じていただければ、幸いである。

過去に結ばれた契約に囚われることなく、今日の行為がもたらすかもしれない未来の結果を動機とすることもなく、信頼だけを頼りに、勇気をもって危機を見据え、しかし、悲観主義の罠に陥ることなく、いつも楽しげに、明るく、よりよい世界のために活動する社会変革者の皆さんに改めて敬意を表したい。我らが友であり、師であるサティシュの言葉を集めたこの一冊の本を、役立てていただければ、こんなにありがたいことはない。

この本の基になった二〇一三年の日本ツアーを実現した「ナマケモノ倶楽部」の仲間たちに感謝する。また、サティシュがイギリスに設立した「シューマッハー・カレッジ」や「スモール・スクール」に倣《なら》った「ゆっくり小学校」を、二〇一四年にともに立ち上げ、二〇一五年のサティシュ来日ツアーを企画、そして本書を企画し、編集し、発行してくれた我が友、上野宗則に謹んでお礼を申し上げる。

最後に、Dear Satish, thank you always for being there.

悲しみも　善きことなりと　春立ちぬ

二〇一五年二月　　辻　信一

サティシュ・クマール（Satish Kumar）

思想家。『リサージェンス&エコロジカル』誌名誉編集者。「スモール・スクール」、「シューマッハー・カレッジ」の創設者。一九三六年インド西部ラージャスターン州生まれ。四歳の時、父が逝去。死がもたらす悲しみからの解放を求め九歳で出家、ジャイナ教の修行僧となる。十八歳の時、マハトマ・ガンディーの社会的非暴力思想に共鳴し還俗。ガンディー思想の継承者ビノーバ・バーベの土地改革運動に加わり、「ソイル（土）、ソウル（心・魂）、ソサイエティ（社会）」の三位一体の思想の土台を築く。二十五歳の時、バートランド・ラッセルが核兵器反対運動で逮捕されるニュースを知り、友人と当時の核保有国の首都（モスクワ、ロンドン、パリ、ワシントンDC）に、核廃絶のメッセージを届ける平和巡礼を決意。無一文、徒歩で、インドからアメリカまでの約一万三千キロの道を二年半かけて踏破し、首脳たちに平和のお茶を届けた。この旅の途上で、バートランド・ラッセルやマーチン・ルーサー・キング牧師と交流した。一九七三年、経済学者のE・F・シューマッハーの呼びかけに応じてイギリスに移住。環境、平和、科学、スピリチュアリティーの融合を提言する雑誌『リサージェンス』の編集主幹となる。一九八二年、自宅のあるイギリス南西部ハートランドに、私立中学校「スモール・スクール」を創設。「ヒューマン・スケール（身の丈に合うサイズ）」教育運動が注目を集めた。一九九一年、「スモール・スクールのような大人の学び場を」との要望に応え、デヴォン州トトネスに「シューマッハー・カレッジ」を開校。一〜三週間のショートコースの他、「ホリスティック科学」など一年間の修士課程も設置され、世界中の人々がホリスティックな世界観を学ぶ知的拠点となっている。五十歳の時、イギリスの聖地を訪ねる約三千二百キロの道を、再び無一文で行脚。二〇〇〇年にプリマス大学から名誉教育博士号を、翌年、ランカスター大学から名誉文学博士号を授与される。二〇〇一年、ガンディー思想を広く海外に普及した功績により、ジャムナラール・バジャジ国際賞を受賞。八十歳の誕生日である二〇一六年八月九日に、四十三年間務めた『リサージェンス&エコロジカル』誌の編集主幹を退き、名誉編集者となる。やさしく、力強い言葉とまなざしで、環境運動や平和運動を展開し、世界中の人々を魅了し続けている。邦訳書に、『君あり、故に我あり』（講談社学術文庫）、『もう殺さない―ブッダとテロリスト』（バジリコ社）、『スピリチュアル・コンパス　宇宙に融けこむエコ・ハートフルな生き方』（徳間書店）、『人類はどこへいくのか ほんとうの転換のための三つのS〈土・魂・社会〉』（ぷねうま舎）などがある。スローシネマDVD『サティシュ・クマールの今、ここにある未来 with 辻信一』（ゆっくり堂）に出演。同〝アジアの叡智〟シリーズの総合アドバイザーを務めている。

著者　サティシュ・クマール（Satish Kumar）

思想家。『リサージェンス&エコロジカル』誌名誉編集者。「スモール・スクール」、「シューマッハー・カレッジ」の創設者。一九三六年、インド・ラージャスターン州生まれ。ジャイナ教の修行僧から還俗。核廃絶の平和巡礼のため約一万三千キロの道を無一文・徒歩で二年半かけて踏破。一九七三年より、経済学者E・F・シューマッハーの呼びかけに応じて、イギリスに定住。詳しくは二二三頁参照。

通訳　辻 信一（つじしんいち）

文化人類学者。環境活動家。明治学院大学国際学部教授。ナマケモノ倶楽部世話人。「ゆっくり小学校」校長。「スローライフ」や「GNH」というコンセプトを軸に、環境=文化運動を進める一方、スロービジネスにも取り組む。『スロー・イズ・ビューティフル』（平凡社）、『英国シューマッハー校 サティシュ先生の最高の人生をつくる授業』（講談社）『ゆっくり小学校』（SOKEIパブリッシング）など著書多数。

サティシュ・クマールの
ゆっくり問答 with 辻 信一

二〇一七年十一月一日　第二刷発行

著者　サティシュ・クマール
通訳・監修　辻 信一
発行者　上野宗則
発行所　株式会社素敬
SOKEIパブリッシング
山口県下関市椋野町二ー一一ー二〇
http://www.yukkuri-web.com
info@yukkuri-web.com
電話　〇八三ー二三二ー一二二六
FAX　〇八三ー二三二ー一三九三
編集・デザイン　上野宗則　上野優香
福田久美子　久松奈津美
印刷・製本　瞬報社写真印刷株式会社

ISBN978-4-9905667-4-6